< 당신 안의 작가를 깨워라 >

(부제: 창조적 인생 혁명의 시작, 책쓰기)

" 나는 알고 있다.

 누구나 글을 쓸 수 있고, 누구나 작가가 될 수 있다는 것을. 그런 사실을 받아들이고, 자기를 알고, 자기를 믿으려면, 글과 씨름을 할 필요가 있다는 것을,

 또한 나는 알고 있다.

 그 씨름을 계속하려면 믿음과 용기가 필요하다는 것을. 또한 알고 있다. 글쓰기는 누구에게나 무한한 가치가 있다는 것을."

< 로버타 진 브라이언트, [누구나 글을 잘 쓸 수 있다], 6쪽 >

프롤로그 _ 책쓰기를 통해 인생을 혁명하라.

' 작가!

생각만 해도 가슴이 떨리는 그런 단어이자 동시에 그런 직업이 아닐 수 없다.

그런데 이것보다 더 가슴 떨리는 경우가 있다.
바로 당신이 그런 작가라면 어떨까? 당신이 바로 그런 가슴 떨리게 하는 작가가 실제로 된다면 어떨까?

한 가지 분명한 사실은 작가가 되는 글쓰기는 당신과 당신의 인생을 송두리째 바꾸어 놓을 수 있을 만큼 강력한 힘을 가지고 있다는 사실일 것이다.

이 책의 결론은 글쓰기를 통해서 누구나 인생 혁명이 가능하다는 사실이다.

그리고 이 사실을 필자는 본인의 인생을 통해 경험했고, 체험했다. 그래서 당신이 필자의 책을 지금 읽고 있는 것이다.

생각해 보라. 당신의 이름 석 자 뒤에 누구누구 작가님, 누구누구 작가 선생님이라는 단어들이 붙게 된다면 당신의 기분은 어떨까?

한 가지 잊지 말아야 할 사실은 기분도 기분이지만 더 중요한 사실은 당신의 인생이 한 단계 도약하기 위해 가장 좋은 위치를 선점했다는 것은 확실하다. 왜일까?

자신의 이름으로 된 책을 출간함으로써 인생이 뒤바뀐 사람들이 실제로 적지 않기 때문이다.

이런 점에서 책을 쓴다는 것은 정말 매력적이고, 마법과 같은 일이다.

최소한 나는 그렇게 생각한다.

하지만 여기서 분명하게 말하고 싶다.

당신의 이름 뒤에 새로운 단어가 붙는다고 해서, 즉 당신의 이름으로 된 책이 이 세상에 출간되었다고 해서 당신의 인생이 한 단계 도약하였다는 것을 저절로 의미하는 것은 절대 아니라는 사실이다.

 결론은 한 마디로 자신의 이름으로 된 책이 출간된 것이 당신의 인생이 한 단계 도약했다는 것을 직접적으로 의미하지 않는다는 것이다.

 그렇다면 무엇을 의미하는 것일까?

 당신이 책을 쓰기 이전과는 다른 사람으로 성장하게 되었다는 것을 의미한다.

 책을 쓰는 과정을 통해 당신의 사고와 의식은 당신이 평생 살아오면서 미처 경험하지 못했을 정도로 급격하게 그리고 빠르게 도약했다는 것은 분명하다. 그리고 그 사실이 바로 당신에게 새로운 인생의 장을 열어주는 토대가 되고 원동력이 되어 준다는 사실이다.

 왜 책을 쓰기 이전과 책을 한 권이라도 쓴 후에 사람이 그렇게 많이 달라지는 것일까?

 100권의 책을 읽은 사람은 남이 떠먹여 주는 영양분이

잔뜩 있는 맛있는 음식을 그저 먹는 것에 불과하다.

하지만 1권의 책을 쓰는 사람은 스스로 그것을 만들어 내는 사람, 즉 무엇인가를 스스로 만들고, 이 세상에 존재하지 않는 것을 스스로 자신의 의식과 사고를 통해 만들어 내는 사람이기 때문이다.

좀 더 간단하게, 그리고 쉽게 말해서

'작가가 된다는 것은 무에서 유를 창조해 낸다는 것'이다.

여기서 당신이라는 사람의 가치가 결정된다.

평생 남들이 만들어 놓은 것을 사용하는 사람이나 평생 남들이 시키는 일만 수동적으로 하는 사람들이 돈을 많이 벌지 못하고, 높은 사회적 지위를 얻지 못하고, 큰 성공도 하지 못하는 이유는 그 사람이 무에서 유를 창출해 낸 적이 한 번도 없기 때문이다.

어마어마한 아이디어를 생각해 낸 사람이 엄청난 부자

가 단기간에 되는 이유는 그 사람이 세상에 유익한 무엇인가를 무에서 창출해 내었기 때문이다.

 그런 점에서 작가는 글이라는 도구를 사용하여 무엇인가를 새롭게 만들어 내는 발명가이다.

 무에서 유를 창조해 내는 사람들, 이전에는 없던 혁신적인 스마트폰을 만든 스티브 잡스, 이전에는 없던 해리포터 이야기를 만들어 낸 조엔 k 롤링, 이전에는 없던 한글을 만든 세종대왕, 이전에는 없던 거북선을 만든 이순신 장군, 이전에는 없던 역사서인 [사기]를 쓴 사마천, 이전에는 없던 병법인 [손자병법]을 쓴 손자, 이전에는 없던 자기계발서를 쓴 나폴레온 힐 등은 모두 무에서 유를 창조해 낸 사람들이다.
당신이 책을 한 권 썼다는 것은 단순하게 글을 쓴 것이 아니라 무엇인가를 만들어 이 세상에 남겼다는 것이다. 그것도 당신의 이름을 걸고 말이다.

 그런 점에서 작가가 되는 것은 결국 무엇인가를 세상에 당당히 만들어 보여주는 것이다. 그렇다면 그 무엇인가의 주체는 누구일까?

바로 당신이다.

작가가 된다는 것은 당신을 이 세상에 당당하게 보여주는 것이다.

소설가는 자기 생각과 사상과 견해를 소설 속의 인물과 스토리를 통해 이 세상에 보여주는 것이고, 시인은 시를 통해, 발명가는 발명품을 통해, 무용가는 무용을 통해, 가수는 노래를 통해, 자기 계발 작가는 자기 계발에 담긴 메시지를 통해 자기 자신을 이 세상에 당당히 보여주는 것이다.

그런 점에서 작가가 될 수 있는 사람은 결국 모든 사람이다. 다만 용기와 배짱이 있어야 하고, 자신의 것을 부끄러워하지 않아야 하고, 세상에 당당히 보여주어야 하고, 그러한 것들을 글로 표현할 수 있는 약간의 기술(!)이 필요할 뿐이다.

당신이 작가가 되고자 한다면 한 가지만 명심하면 된다.

' 당신도 작가가 될 수 있다. ' 는 사실이다.

그러나 당신을 먼저 남과 다른 존재 혹은 비범한 존재 혹은 길거리에 널린 누구나 가지고 있는 평범한 스토리가 아닌 누구나 쉽게 만날 수 없는 그런 독특한 스토리를 가지고 있는 존재로 만들어야 한다는 점이다.

 그렇다고 성공 신화나 위대한 업적을 달성해야 하는 것은 아니다. 여기서 중요한 것은 남과 다른 독특한 스토리, 남과 다른 존재라는 점이다. 그래서 엄청난 실패 스토리나 엄청난 시련과 아픔도 또한 좋은 스토리가 될 수 있다는 점을 간과해서는 안 된다.

 즉 이 세상에는 누구나 자기만의 스토리를 가지고 있다.

 그래서 그것을 세상에 당당히 보여주는 것, 그것이 바로 작가가 되는 것이다.

 쌀이 있으면 누구나 밥을 해 먹을 수 있다. 다만 그 과정을 한 번도 본 적도 경험한 적도 없는 사람에게는 그 과정이 정말 어려운 것이 되듯, 당신은 이미 충분히 책 쓸 '거리'를 가지고 있다.

다만 그것을 책으로 전환하는 과정을 단 한 번도 경험하거나 해 본 적이 없을 뿐이다. 그래서 작가가 되는 것이 너무나 어려운 것처럼 보일 것이다.

이 책은 바로 그런 당신에게 그 과정이 얼마나 쉽고, 얼마나 간단한 것인지를 알려 주고자 하기 위해서 쓴 책이다. 몇 가지의 심리적 장벽만 뛰어넘는다면 글을 쓰는 작가만큼 멋진 직업도 없다는 것을 알게 해 주고 싶을 뿐이다.

작가가 되고 싶지만, 도저히 엄두가 나지 않는 사람들에게, 자신의 이름으로 된 책 한 권을 이 세상에 내놓고 싶은 사람들에게 이 책은 요긴하게 쓰일 물건(?)일 것이다.

그뿐만 아니라 글쓰기를 통해 새로운 인생을 살아보고 싶다면 이 책을 글쓰기의 멘토로 삼아 매일 글쓰기를 한다면 반드시 인생을 바꿀 수 있게 될 것이라고 필자는 확신한다.

그러므로 인생을 바꾸는 기적의 글쓰기에 당당히 도전

해 보라. 도전하지 않으면 100% 실패하지만, 도전하면 성공 확률이 기하급수적으로 증가하게 된다.

목 차

프롤로그 _ 책쓰기를 통해 인생을 혁명하라.

제1부. 당신 안의 작가를 깨워라.

제1장. 책쓰기는 인생 최고의 도전이다.

작가가 된다는 것은 인생 최고의 도전이다.

작가는 태어나는 것이 아니라 만들어지는 것이다.

당신에겐 이미 책 쓸 능력이 넘쳐난다.

죽어도 좋을 만큼 좋아합니까?

베스트셀러의 함정에서 벗어나라.

필력이라는 함정에서 벗어나라.

명문장의 덫에서 빠져나와라.

오로지 작가는 쓸 뿐이다.

한 문장을 쓰고 그다음 문장을 쓰라.

제2장. 작가는 누구나 될 수 있다

작가는 누구나 될 수 있다.

진짜 작가는 말하고자 하는 것이 있어야 한다.

문법, 맞춤법, 띄어쓰기의 덫에서 벗어나라.

20년 동안 쓰레기 같은 글을 쓴 대문호.
세련된 글이 아닌 당신의 거친 숨소리를 남겨라.
지식이 아닌 감성으로 작가가 되어야 한다.
책 한 권 쓴다고 인생이 바뀌지 않는다.
작가는 세상 밖에서 사는 외로운 사람이다.
모든 훌륭한 작가들의 초고는 조잡하다.

제3장. 작가는 인생을 두 번 살아가는 사람이다.

 작가는 인생을 두 번 살아가는 사람이다.
 작가는 이 시대 최고의 퍼스널 브랜딩이다.
 글쓰기는 글쓰기를 통해서만 배울 수 있다.
 글쓰기에 대한 부담을 버려라.
 몽상가는 꿈을 꾸고 작가는 글을 쓴다.
 열정적으로 글을 써야 한다.
 작가가 되는 확실하고 유일한 길.
 글쓰기를 즐길 수 있어야 한다.
 어린아이가 놀이터에서 놀 듯 글을 쓰라.
 글쓰기는 논리적, 창조적 사고를 동시에 키워 준다.
 글쓰기보다 자신의 마음을 비울 줄 알아야 한다.
 세상과 전문가들의 평가를 무시하라.

15년 동안 무명이었던 세계 최고의 베스트셀러 작가.

제2부. 책쓰기로 인생을 혁명하라.
제4장. 책쓰기가 주는 최고의 맛과 힘을 느껴라.

마약보다 더 중독성이 강한 글쓰기에 빠져라.
책쓰기가 주는 최고의 맛과 힘을 느껴라.
책쓰기를 즐겨라. 그것이 책을 잘 쓰는 비결이다.
생각하지 말고 책쓰기에 빠져라.
문법에 너무 매이면 재미가 없다.
글 쓸 때 전율해야 독자들도 전율을 느낀다.
사고와 학문의 모든 경계를 허물어라.
책쓰기를 게임으로, 놀이로 만들어라.
살아 숨 쉬는 문장을 쓰는 법은 단순하다.
글을 잘 쓰기 위해 집중해야 할 두 가지 사실.

제5장. 책쓰기에도 전략이 있어야 한다.

모든 책에는 전략이 있어야 한다.
순서만 바꾸어도 전혀 다른 문장이 된다.
첫 문장에 반하게 하는 방법.

흥미를 끌 수 있는 한 방이 있어야 한다.

호기심을 먼저 자극하고 빠져들게 하라.

남들과 다르다는 것을 느낄 수 있게 하라.

명확한 메시지가 있어야 한다.

감동과 재미는 서비스로 곁들여라.

제목이 식상하면 아무도 읽지 않는다.

책쓰기는 독자와의 대화이자 소통이다.

책쓰기에는 기술이 필요하다.

제6장. 작가를 위한 조언 _ 양이 재능을 이긴다.

우뇌와 좌뇌를 모두 사용하라.

많이 읽어라. 읽은 만큼 그만큼의 작가가 된다.

예술의 신, 뮤즈! 그런 것을 기대하지 마라.

매일 쓰라. 그리고 많이 쓰라. 그것뿐이다.

형식과 틀에 얽매이지 마라.

자기 자신만의 독특한 스토리와 콘텐츠를 만들어라.

창조적이고 미래 지향적인 작가가 돼라.

끊임없이 공부해야 더 나은 결과물을 기대할 수 있다.

양이 질을 낳고, 양이 재능을 이긴다.

뜨거운 심장으로, 온몸으로 글을 쓰라.

더 나은 글을 쓰는 세 가지 방법

에필로그 _ 누구나 처음은 아마추어였다.

부록 _ 일곱 가지 작가를 위한 원칙

제 1 부. 당신 안의 작가를 깨워라.

" 작가의 근본문제는 창작 강좌의 공통 주제인 '글쓰기 기교'와는 하등 관련이 없다. 작가가 부딪치는 근본문제들을 다루지 않는 한 대부분의 사람들에게 창작 강좌는 거의 아무런 도움이 되지 않는다. 작가의 근본 문제는 개인의 문제다. 즉 개인에 따라 첫 출발부터 난항을 겪을 수도 있고, 첫 출발은 호조를 보이다가 그러고 나서 방향을 잃고 헤매거나 낙담하는 경우도 있고, 얼마간은 글을 아주 잘 쓴다 싶으면 어느 정도 시간이 지나면 수준이 형편없이 떨어지기도 한다."   < 도러시아 브랜디 [작가 수업], 7 ~ 8쪽 >

제 1 장. 책쓰기는 인생 최고의 도전이다.

.

" 몽상가는 꿈을 꾸고, 작가는 글을 쓴다. 시편들, 소설들, 온갖 책들은 모두 아이디어와 상상력과 꿈의 결실이다. 그런데 그 결실을 가능케 하는 것은 오직 행동 - 글쓰기 - 이다. 애오라지 당신만이 말할 수 있는 무수한 이야기가 있다. 그것을 말하라! 정열적으로, 최대한 참되고 즐겁게! 당신은 지금 당장이라도 작가의 꿈을 펼칠 수 있다."

< 로버타 진 브라이언트, [누구나 글을 잘 쓸 수 있다], 11쪽 >

- 작가가 된다는 것은 인생 최고의 도전이다.

" 글을 쓰는 동안 우리는 등을 펼 수 없고, 펜을 놓은 다음에야 등을 편다. 글쓰기가 우리에게 가르치는 것은 우리에게는 진실을 말할 신성한 임무가 있으며, 그 임무는 종이에서부터 걸어 나와 우리의 인생 전체로 들어가는 것이다. 반드시! 그렇지 못하다면 작가로서의 우리와, 일상생활을 살아가는 우리 사이의 간극은 너무나도 넓어진다. 이런 이유로, 인생이 무엇인지 그리고 글을 쓰는 인생이 어떤 것인지 배우는 것은 그 자체로 하나의 큰 도전이다. 그 도전을 받아들이라."   < 나탈리 골드버그, [뼛속까지 내려가서 써라], 214 ~ 215쪽 >

작가가 된다는 것은 그 자체로 하나의 큰 도전일 뿐만 아니라 당신의 인생을 완전히 뒤바뀌어 놓을 만큼 엄청난 일이다. 그렇기 때문에 인생 최고의 도전이라고 할 수 있다.

왜! 인생 최고의 도전을 해야 하는 것일까?

왜! 그것도 위험한 도전을 해야 하는 것일까?

책을 쓰는 작가가 된다는 것은 자신을 세상에 발가벗겨서 내놓은 일이기에 매우 위험하다. 하지만 그럼에도 그런 위험을 무릅쓰고 도전해야 하는 이유는 무엇일까? 그렇다. 당신이 그것을 미칠 만큼 좋아하기 때문이다. 그리고 두 번째 이유는 도전하지 않으면 아무것도 달라지는 것이 없기 때문이다.

" 모든 것의 시작은 위험하다. 그러나 무엇을 막론하고, 시작하지 않으면 아무것도 시작되지 않는다."

프리드리히 니체의 이 말을 나는 좋아한다. 이 말을 기억하자. 망설여질 때 다른 누군가는 이미 글을 쓰고 자신의 이름으로 된 책을 세상에 당당히 내 놓고 있다는 사실도 기억하자.

삶의 가장 큰 의미는 도전도 하지 않고, 그럴 용기도 없다면 절대로 발견 할 수 없는 것임을 알게 되었다.

" 우리에게 뭔가 시도할 용기가 없다면 삶이 도대체 무슨 의미가 있다는 말인가?"

중년에 안정적인 직장을 과감하게 포기하고 화가의 인생을 용기 있게 시작한 화가도 있고, 세상이 요구하는 삶을 과감하게 거부하고 살아간 화가도 있다. 바로 빈센트 반 고흐이다. 그리고 그의 이 말처럼 당신이 뭔가 시도할 용기를 가지고 있지 않다면 당신에게 삶은 아무 의미가 없어지게 될지도 모를 일이다.

시도하고 도전할 용기조차 없다면 아무것도 이루어지지 않는 다. 아무것도 기대할 수 없는 인생에 그 어떤 의미를 당신은 스스로 부여할 수 있을 것인가?

[마흔 살의 철학]이란 책을 통해 일본의 작가인 가와기타 요시노리는 우리에게 이런 말을 해 주었다.

' 아직 이루지 못한 것이 남아 있다는 것, 아직 삶에 채워 넣어야 할 것이 존재한다는 건 스트레스가 아니라 축복이다. 정리해고를 당했다고 절망할 필요도 없고, 아직 성공하지 못했다고 해서 우울해할 이유도 없다. 성공하는 인생은 좋은 직업이나 돈으로 이루어져 있지 않다. 세상에는 부자도 많지만, 가난해도 행복하게 사는 사람들도 많다. 중요한 건 살아야 할 이유와 보람이다. 자신이 살아야 할 이유와 보람을 찾는 일에 노력하는 사람은 늙지 않는다. 늙을 시간이 없다.' _ 가와기타 요시노리, [마흔 살의 철학]

 당신은 아직 이루지 못한 것이 남아 있다. 당신의 이름으로 된 책을 출간하는 것, 작가로서의 삶을 사는 것, 세상에 당신이란 존재를 알리고 당당히 보여주는 것, 등을 해야 한다. 즉 아직도 당신은 당신의 삶에 채워 넣어야 할 것이 존재하는 미완의 존재이다.

 그러므로 도전해야 한다. 그리고 그러한 도전이 당신에게는 살아야 할 또 다른 이유가 되고 살아가는 보람이 되어 줄 것이다.

- 작가는 태어나는 것이 아니라 만들어 지는 것이다.

'작가는 태어나는 것이 아니다. 스스로 만들어 나가는 것이다. 결국 작가는 만들어지는 것이다.'

이 말을 명심하자. 당신이 지금까지 작가가 되지 못 한 단 한 가지 이유는 능력이 없어서도 아니고 시간이 없어서도 아니다. 단 한 가지 이유는 당신이 결단하지 않았기 때문이고, 시작하지 않았기 때문이다. 그 결과 스스로 자기 자신을 작가로 만들지 않았을 뿐이다.

작가는 능력이 뛰어난 사람만이 하는 것이 절대 아니며, 시간이 많은 사람들만이 할 수 있는 그런 시간과의 싸움도 아니다.

작가는 바로 자기 자신과의 싸움이며, 그 싸움에서 이겨낸 사람만이 작가가 될 수 있다.

바로 이런 이유 때문에 작가는 자신과 싸움을 해야 하는 존재인 것이다.

[예술가여 무엇이 두려운가]라는 책에 보면 자신과의 싸

움에 대해서 승리하는 비법에 대해 힌트를 얻을 수 있는 문장을 읽을 수 있다.

"만일 마음속으로 넌 화가가 아냐, 라고 말하고 있다면 모든 수단을 다해서 그림을 그려라, 그러면 그 소리는 잠잠해 질 것이며, 오직 작업을 통해서만 그렇게 될 것이다."

결국 작가로 산다는 것은 예술가로 산다는 것이며 그것은 두려움과 마주하는 것이다.

이제 분명한 사실 하나는 자기 자신을 작가로 만들기 위해서는 두려움과 마주해야하고 두려움과 싸워야 하고 이겨내야 한다는 사실이다.

어떤 두려움일까?

한 마디로 자신이 쓴 작품이 가치가 있을까? 타인이 그것을 좋아해 줄 것인가? 혹평을 받게 되는 것은 아닌가? 즉 한 마디로 실패할 것인가에 대한 두려움일 것이다. 하지만 걱정하지 않아도 되는 이유가 있다.

그런 두려움은 예술가라면 누구나 가지고 있는 것이 정상이라는 점이다.

" 자신의 작품이 실패할 것이라는 두려움은 예술 작업 주기에서 반복되는 정상적이며 건강한 일반현상이다. 그런데 새로운 구상에 집중하여 작품을 시작해 진행해 나가다 보면 어느새 초심은 사그라져 버리고, 결국에는 계속해 나갈 가치가 없다는 결론에 이르기 마련이다. 이때를 가리켜 글 쓰는 작가들은 "펜이 말랐다"라는 표현을 쓰곤 한다."   < 데이비드 베일즈, [예술가여 무엇이 두려운가], 29쪽 >

작가가 되고자 하는 그대여!

무엇이 두려운가? 당당히 두려움에 맞서고 그것을 마주하라. 그리고 전진해 나가라. 당신의 이름으로 된 책이 세상에 나올 때 까지, 진정 자신이 쓰고 싶은 것들을 다 써 낼 때 까지 멈추지 말고 도전하라.

자신의 작품이 실패할 것이라는 두려움 때문에 자신의

작품을 쓰레기 통 속에 처박고 두려움에 굴복한 사람이 있다. 그런데 그 사람이 바로 지금 세계 최고의 베스트셀러 작가인 스티븐 킹이라면 과연 믿을 수 있겠는가?

그의 작품은 지금까지 전 세계 35개국에 출간되었고, 총 3억 부 이상이 팔렸다. 현재 지구상에 생존해 있는 작가 가운데 단연 1등이다. 그런데 그런 작가조차도 처음에는 글을 써서 얻는 수익이 극히 적었기 때문에 건물 경비원을 하고, 세탁 공장 노동자로 살았던 적이 있다는 사실을 명심하라.

두려움은 누구에게나 발생하는 것이다. 문제는 그 두려움을 어떻게 극복하며 굴복하지 않고 당당히 마주할 수 있는가 하는 것이다.

작가가 되는 길은 저절로 되는 것이 아니라 지독한 노력을 통해 만들어야 하는 것이다. [내 영혼을 위한 닭고기 수프]라는 책의 원고는 출간해 줄 출판사와 계약이 이루어지기 전에 무려 130개의 출판사로부터 거절을 받은 그런 엄청난 원고였다.

생각해 보라. 당신이 쓴 어떤 원고에 대해 130개나 되는 너무 많은 출판사들이 한 목소리로 ' 당신의 원고는 아쉽게도 출간될 만한 가치가 있는 원고가 아닙니다.' 라는 평가를 한다면, 당신은 어떻게 할 것인가?

 만약에 그렇다고 해도 절대로 그 원고를 포기하지 마라.

 왜냐하면 그 원고 전 세계 39개 언어로 번역 출간되며, 총 8백만 권이라 팔려 나가는 초베스트셀러가 될 수도 있기 때문이다. 명심하자. 작가는 저절로 태어나는 것이 아니라 만들어지는 것이다. 치열하게, 지독하게, 남과 다르게 만들어야 잘 만들 수 있다. 세상에는 공짜 점심이란 없다. 노력한 만큼, 도전한 만큼, 실패한 만큼 잘 만들 수 있다.

 - 당신에겐 이미 책 쓸 능력이 넘쳐난다.

책을 쓰고자 하는 당신이 명심해야 할 것들 중에 하나는 이미 당신은 너무 많은 것을 가지고 있고, 경험을 한 사람이라는 점이다. 그리고 그러한 것들은 이미 당신은 책을 쓸 능력과 경험을 충분히 가지고 있는 존재라는 점을 잘 말해주고 있는 사실이다.

당신에겐 이미 책 쓸 '거리'가 무궁무진하고, 책 쓸 '능력'이 차고 넘친다. 문제는 우직하게, 미련하게, 소처럼 뚜벅뚜벅 그 길을 가야 한다는 것이다.

당신에게 필요한 것은 바로 스티브 잡스가 스탠포드 대학교에서 졸업식 축사로 했던 헝그리 정신이다.

" 미련하게 당신의 길을 가라
 모든 점들이 하나로 연결된다는 것을 믿어야 한다.
 무엇인가 그것이 당신의 육감이든 운명이든 인생 그 자체이든 혹은 업이든 믿어야만 한다.
 늘 배고프고 미련한 상태를 유지하라."

당신에게 헝그리 정신이 필요한 이유는 단 한 가지다. 그런 최악의 상황이 되어야만 책을 쓰기 시작하기 때문이다. 이미 능력은 충분하기 때문이다.

조엔 k 롤링도, 셰익스피어도, 빅터 프랭클도 내가 기억하기에는 모두 절박한 생활고와 상황 때문에 돌파구로 선택한 것이 글을 쓰고 책을 출간하는 것이었다.

조엔 k 롤링은 생활고로 당장 오늘 먹을 것이 큰 걱정이었던 그런 최악의 상황에 직면했다. 심지어는 아기에게 사 먹일 분유조차 살 수 없는 그런 상황이었다. 그런 상황에서도 조엔은 글 쓰는 것을 멈추지 않았고, 글을 쓰기 시작했다.

집 근처에서 아이를 돌보다가 아이가 잠들면 근처의 카페에 들어가서 한 구석에서 힘겹게 글을 쓰고 또 썼던 것이다. 그렇게 최악의 상황에서 마감한 원고를 여러 출판사에 투고를 하지만 반응은 차가웠다. 거절만 당했기 때문이다. 심지어 그녀는 이런 말도 들었다.

" 조엔, 돈을 벌려면, 아이들이나 읽을 책은 쓰지 마세요."

저작권 대리인 배리 커닝엄의 말이었다.

그녀가 이 때 자신에게 능력이 없다고 생각했다면 어

떻게 되었을 까? 혹시라도 이 때 그녀가 포기를 하고 더 이상 출판사에 원고를 투고 하지 않았다면 어떻게 되었을까?

다행히 그녀는 포기를 하지 않았다. 또 다시 다른 출판사에 원고를 투고했다. 그리고 또 거절을 당했다. 그녀는 한 번도 책을 출간해 본 경험이 없는 자였고, 당연히 무명이었기 때문이다. 특히 출판사는 작가에 대해 신뢰할 수 없었을 것이다.

어떤 출판사가 도대체 무엇을 믿고 무명이고 이혼녀이고 생활고에 시달리는 그런 여자의 책을 출간하겠는가?

그녀는 세상과 당당히 싸우고 포기 하지 않았다. 결국 12군데나 되는 출판사로부터 거절당했다. 언제나 공상과 이야기하기를 좋아했던 소녀는 하지만 자신의 꿈을 이루었다.

셰익스피어가 글을 쓴 것은 생활고로 허덕이던 최악의 상황에서 돌파구를 찾고자 했기 때문이라는 사실을 아는가? 자기 자신에게 '글을 쓸 능력이 있을 까?'에 대한 의문을 던지는 것조차 사치일 수 있는 그런 최악의 상황에서 그는 글을 쓰고 살아남아야만 했던 것이다.

 그러한 절박함 속에서 천재는 탄생하게 되는 것이다.

 기억하라. '천재는 재능이 아니라 절망적인 처지 속에서 만들어지는 돌파구이다.' 라고 말한 장 폴 샤르트르의 말을 기억하는 것이 유익할지도 모르기 때문이다.

 재능은 사실상 누구에게나 이미 존재한다. 다만 훈련과 연습을 통해 그것을 진짜 자기의 것으로 발전시키는 사람만이 진짜 재능을 활용할 수 있게 된다. 그렇기 때문에 '10년의 법칙' '1만 시간의 법칙'이 존재하는 것이다.

 [핑]의 작가인 스튜어트 에이버리 골드는 이렇게 말했다.

 " 재능은 누구에게나 태어나면서부터 자연스레 주어지는 것이지만, 그것이 진정한 기술이 되려면 반드시 훈련이 필요하다." < 스튜어트 에이러비 골드, [핑],

111쪽 >

 작가인 사람과 당신의 차이는 재능의 차이가 아니라 훈련의 차이일 뿐이다. 그러므로 지금부터 쓰면서 훈련을 해야 한다. 훈련이 어느 정도 축적이 되면 물통에 물이 다 차면 저절로 흘러넘치듯 글을 쓸 수 있는 작가의 기술을 갖추게 된다.

 " 시를 쓰고자 하는 사람이 자신의 문학적 재능에 대해 회의하거나 한탄할 필요는 전혀 없다. 그것은 자신의 게으름을 인정하는 행위와 같다. 시인으로서 타고난 재능에 기대어 시를 기다리지 말라. 재능이 없다고 펜을 내려놓고 한숨을 쉬지도 마라. 그렇게 하면 시는 절대로 운명의 조타수가 되어주지 않는다."   < 임정섭, [글쓰기 어떻게 할 것인가], 92쪽 >

 안도현 시인의 이 말처럼 시인조차도 타고난 재능에 기대어 시를 기다려서는 안 되듯, 글을 쓰는 작가는 자신의 재능에 기대지 말고, 펜을 절대 내려놓지 않아야 한다. 충분한 연습과 훈련을 한다면 누구나 작가가 될 수 있는 재능은 충분히 가지고 있다.

- 죽어도 좋을 만큼 좋아합니까?

" 1861년 6월 30일 아치 8시 30분, 창문 너머로 비쳐 드는 아침 햇살을 받으며 나는 [레 미제라블]을 끝냈다네, 이제는 죽어도 좋아."

[레 미제라블]을 16년 만에 완성한 빅토르 위고가 이 소설을 다 쓴 후 입에서 내 뱉은 말이다.

당신은 어떤가? 죽어도 좋을 만큼 뭔가를 하는 것을 좋아하는 것이 있는가? 당신이 이 책을 읽는 이유는 작가가 되고 싶은 마음이 조금이라도 있거나 작가가 되는 것에 대해 그 어떤 호기심이 있기 때문일 것이다.

그렇다면 그런 당신을 글을 쓰는 것을 얼마나 좋아하는가? 죽을 만큼 좋아하는 가?

그렇다면 작가가 되어야 한다. 반드시 말이다.

하지만 글을 쓰는 것을 그만큼 좋아하지는 않지만, 작가가 되고 싶은 마음을 미칠 것만큼 많은가?

그렇다면 당신도 작가가 되어야 한다. 미칠 만큼 좋아하는 것을 하고, 그것이 되는 사람만큼 행복한 사람이 없기 때문에 당신은 행복을 위해서라도 작가가 되어야 한다.

한 마디로 이 책을 읽는 독자들은 모두 글을 쓰는 것이나 작가가 되는 것을 죽어도 좋을 만큼 좋아하는 독자들이라는 것이 필자의 결론이다. 아닌가?

아니라면 책을 덮어라. 시간 낭비일 뿐, 당신은 절대 작가가 될 수 없다.

맞는다면 책을 끝까지 읽어라. 왜냐하면 당신은 이 책을 통해 최소한 작가가 될 수 있는 확률이 엄청나게 높아질 것이기 때문이다.

이 책은 평범했던 중년의 남성이 3년 동안 독서를 통해 책만 읽다가 갑자기 작가가 되어 버린 그 과정에서 일어난 의식의 변화와 그 때 느꼈던 생각들, 그리고 지금 작가가 되어 살면서 작가로서 정말로, 정말로 작가 지망생들에게 해 주고 싶은 말들을 거침없이, 아낌없이 해 놓은 책이다.

 그래서 미리 말 해 놓고 싶은 것은 지극히 주관적이라는 점이다. 남의 생각이나 글쓰기 교과서와 같은 책들은 세상에 이미 널려 있다. 그런 책들을 원한다면 이 책을 덮어라.

 다만 이 책은 이 세상에 그 어떤 대단한 사람이 써 놓은 대단한 그런 글쓰기 책이 아니라 평범한 사람이, 글쓰기 공부를 한 번도 배우지도 않은 평범한 사람이 창조적 글쓰기를 통해 인생을 역전하는 과정에서 깨닫게 된 것들을 담았다.

 그렇기 때문에 이 책과 같은 책은 진짜 찾아보기 힘들 것이다.

 아무것도 배운 적이 없었고, 화려한 학벌이나 배경도 없었던 무직자가 글을 쓰는 작가가 되었고, 그가 출간한 책들 중에 어떤 책은 2012년 국립 도서관에서 가장 많이 빌려서 읽은 책들 TOP 10 안에 들었고, 그가 출간한 책들 중에 어떤 책은 박근혜를 주제로 한 수 백 종의 책들 중에서 유일하게 중국 1위 인민 출판사에서 초판 만부를 찍으면서 번역 출간된 영광의 책이 되었고, 그가 출간한 어떤 책은 일본에서도 번역 출간되었다.

과연 어떻게 해서 기적과 같은 일들이 벌어진 것일까? 그 비밀을 이 책에서 밝히고자 한다. 그런 점에서 이 책은 다른 글쓰기 책과 다르다. 그래서 절대로 식상하지 않고, 오히려 쇼킹하다. 당신의 의식을, 글쓰기에 대한 고정관념을 완전하게 깨뜨려 줄 것이다.

필자가 이 책에서 밝히는 생각들은 필자의 주관적인 생각일 뿐, 그 어떤 논리도, 그 어떤 근거도 없다. 다만 필자는 이렇게 생각했고, 그러한 생각과 의식을 따라 행동한 결과 지금처럼 1년 6개월도 채 안 되어 삼십 권의 책을 출간하는 다작가가 되었고, 그 책들 중에 어떤 책들은 높은 평가를 받고 있다는 것이다.

이 책은 필자 나름대로의 글쓰기가 무엇이며, 작가가 무엇인지에 대한 독특한 관점에서 시작되고, 단순히 글쓰기를 잘 하는 테크닉이나 기교 같은 것에 대한 이야기가 아니라 진정한 작가란 무엇인지에 대한 개인적인 철학에 대한 책이다.

 글쓰기를 잘 할 수 있게 해 주는 글쓰기 책들은 이미 세상에 널려 있다. 그렇기 때문에 이미 널려 있는 그런 책들을 찾는 독자들은 여기서 덮어야 한다.

 -베스트셀러의 함정에서 벗어나라.

 작가 지망생들과 평범한 삶을 살아오다가 인생의 중반과 후반에 책을 쓰는 작가가 되고자 하는 사람들이 가장 조심해야 할 것은 덫이다. 세상이 만들어 놓은 덫 말이다.

 그런 덫이 한 두 가지가 아니라는 점은 매우 조심해야 할 점이다. 특히 작가가 되고자 하는 사람, 그리고 작가가 이미 되었지만 계속해서 글을 쓰는 작가로 살아가고자 하는 사람들은 모두 조심해야 한다.

 그런 덫에 빠져 들게 되면, 그 순간 더 이상 글을 써 낼 재간이 없어지게 되기 때문에 당신도, 나도 정말 정말 조심해야 한다.

 필자가 생각하기에 그런 덫 중에 하나가 바로 '베스트 셀러 작가라는 덫'이다.

 당신이 작가가 되고자 한다면 베스트 셀러 작가가 되겠다는 꿈이나 허상을 버려야 한다. 작가가 된 것으로 당신은 이미 모든 것을 이루었다.

 당신이 정말 미칠 정도로 좋아하고, 죽어도 좋을 만큼 좋아했고, 되고 싶었던 것은 당신의 이름으로 출간된 책, 즉 당신이 작가가 되는 것이지, 베스트셀러 작가가 되는 것은 절대 아니라는 점이다.

 베스트 셀러 작가가 되는 것은 단지 결과물이고 부산물이지, 절대 목표가 되어서는 안 된다는 점을 강조하고 싶다.

 작가가 되는 것은 목표가 될 수 있고, 되어도 그 어떤 함정이나 덫이 아니지만, 베스트 셀러 작가가 되겠다고 생각하는 순간 당신은 덫에 걸리고 만다.

그런 점에서 당신이 작가가 되고 싶다면, 그리고 오래 작가로서 살아가고 싶다면 베스트 셀러 작가가 되겠다는 마음을 가져서는 안 된다.

 베스트 셀러라는 것은 그 시대 사람들이 좋아하는 책이라는 것이다. 그 이상도 그 이하의 의미도 없다는 것을 명심하라.

 당신이 미칠 정도로 작가가 되고 싶은 이유가 고작 그 시대 사람들이 당신의 책을 좋아해 주기를 바라기 때문인가?

 그렇다면 작가가 되지 않는 것이 좋다. 이런 생각에 사로 잡혀서 작가가 된 사람들의 삶은 고달프고 힘들고 불쌍하고 불행할 수밖에 없을 것이기 때문이다.

 당신이 미칠 정도로 작가가 되는 것을 좋아하고, 작가가 되려고 하는 이유는 타인에게 있지 않다. 바로 당신 자신에게 있다. 당신이 그것을 미칠 정도로 좋아하기 때문이다.

그렇다면 당신이 작가가 되었다면, 더 이상 무엇을 바라는가? 절대로 욕심을 내지 말라.

그것은 절대로 과욕이다. 과욕이 생기면 당신은 작가가 되지 못 한다.

셰익스피어도 그 당시 인기 있는 베스트 셀러 작가는 아니었다. 그 당시에는 우리가 잘 알지 못 하는 그 누군가가 셰익스피어보다 훨씬 더 인기가 많았다. 인기는 인기일 뿐이다.

뿐만 아니라 필자가 작가로 생활하면서 많은 책을 출간해 보고 그 책들의 성과들을 스스로 고찰 해 보면서 느낀 점 중에 하나는 '베스트 셀러는 결국 그 책만의 그 무엇인가를 말하는 것이 아니라 출판사의 치밀한 노력과 축적된 역량에 의해 어느 정도 결정 되는 대중적인 상품이며 비즈니스의 결과물이다' 라는 점이다.

작가의 본연의 임무는 자기 자신을 세상에 당당히 내 보여 주는 것이다. 출판사의 임무는 좋은 책을 만들어 세상에 내 놓는 것이다. 여기서 작가와 출판사는 약간의 공동 목표가 생기지만 동시에 갈등이 생긴다.

 출판사는 독자들에게 많이 읽힐 수 있고 팔릴 수 있는 책을 만들고 싶어 한다. 출판사의 생존이 걸린 문제이기 때문이다. 즉 출판사는 상품성이 있는 원고, 상품성이 있는 책을 출간하기를 원한다.

 하시만 작가는 자신의 삶이 상품이 되기 위해 책을 쓴 것은 아니다. 순수한 동기가 있을 수 있고, 전혀 다른 인생을 살고 싶어서 일수도 있고, 자신의 삶을 세상과 나누고 소통하고 싶어서 일수도 있다.

 공동 작업으로 책을 출간하는 작가와 출판사가 지향하는 목표가 현실적으로 분명하게 간극이 존재하고 있음을 알아야 한다.

 결론은 베스트셀러가 안 된다는 것이 결코 부끄러운 일이 아니라는 것이다. 베스트셀러가 되기 위해서는 좋은 글(/)을 써야 하고, 좋은 출판사(?)를 만나야 하고, 좋은 타이밍을 만나야 하고, 좋은 타이틀을 지어야 하고, 좋은 마케팅을 해야 한다.

 베스트셀러가 안 되었다고 당신의 책이 형편없는 책이라는 것을 의미하는 것은 절대 아니라는 사실을 명심해 주었으면 좋겠다.

 별로 팔리지도 않고 읽히지도 않던 똑같은 책이라도 제목을 잘 짓거나 타이밍을 잘 맞추면 베스트셀러가 될 수 있기 때문이다.

 [칭찬은 고래도 춤추게 한다] 라는 켄 블랜차드의 책이 처음에는 [칭찬의 힘(You Excellent)]이라는 책 제목으로 출간이 되었다. 그런데 2만 부 정도 밖에 팔리지 않았다. 출판사는 고심한 끝에 책 제목을 [칭찬은 고래도 춤추게 한다]로 바꾸어 재출간했다.

 물론 내용은 글자 한 자도 바꾸지 않았다. 그 결과는 놀라웠다. 단지 책 제목만 바꾸었는데 2만부의 열 배인 20만부가 팔려나가면서 단숨에 베스트셀러가 되어버렸던 것이다.

제목이 마술을 부리기라도 한 것일까?

이와 비슷한 사례 중에 하나가 타이밍이다. 똑같은 책인데도 [아주 특별한 즐거움]이라는 제목으로 1997년 출간되었을 때는 별로 팔리지 않았지만, [아티스트웨이]라는 이름으로 제목을 바꾸어 2003년에 출간했을 때는 베스트셀러가 되었다.

 베스트셀러가 되어야 한다는 강박관념에서 벗어나야 한다. 베스트셀러는 여러 가지 이유로 단지 많이 팔린 책이라는 것을 의미할 뿐이다. 그 이상도 그 이하도 아니다. 그 이상 더 큰 의미를 부여하지도 말아야 한다.

 자신의 책이 많이 팔렸다고 자신이 마치 대작가가 된 듯한 착각을 하게 되면 인간의 마음에는 교만과 자만이라는 것들이 스멀스멀 기어 들어와서 당신을 나태하게 만들고 망치게 만든다. 결국 치열하게 더 많이 노력하지 않게 되고, 그 결과 작가의 본연의 일인 글쓰기의 재미와 즐거움에 오롯이 빠져 들지 못 하게 되고, 성공이라는 허영심에 빠져 허덕이게 된다.

반대로 자신의 책이 너무 적게 팔렸다고 자기 자신에게 작가로서의 소질이나 재능이 전혀 없다고 자신을 질책해서는 안 된다. 사람들이 당신의 책을 읽지 않았다고 해서 당신이 작가로서 능력이 없다는 것을 말하는 것은 아니다.

세계적인 베스트셀러 작가인 세스 고딘 역시 많은 책을 썼다. 하지만 그 책들이 모두 잘 팔린 것은 절대 아니다. 오히려 실패(?)한 작품들이 더 많았다는 사실을 명심하자.

이러한 사실은 [린치핀]을 읽어 보면 알 수 있다.

" 나는 책을 100권 이상 만들어냈다. 물론 모든 책이 잘나가지는 않았다. 하지만 그 책들을 쓰지 않았다면 나는 이 책을 쓸 기회를 갖지 못했을 것이다. 피카소는 1,000점 이상의 그림을 그렸다. 그러기에 사람들은 피카소의 그림을 3개 이상 알고 있다. 앞으로 이야기하겠지만, 우리 사회에서 가장 부족한 것은 생산하고자 하는 본능이다. 해법을 창조하면 문밖으로 내보내야 한다. 안으로는 인간적인 면을 감동시켜야 하고 바깥으로는 사람들의 관계를 맺어주어야 한다."

  (세스 고딘, 《린치핀》, 21세기북스,
  pp.153~154)

 베스트셀러의 함정에서 벗어나는 것, 즉 그것에 절대 연연해하지 않을 수 있을 때 더 건강한 작가 생활을 할 수 있다.

-필력이라는 함정에서 벗어나라.

 작가지망생들과 작가가 되고자 하는 사람들, 혹은 자신의 삶을 에세이로 출간하고 싶은 사람들, 그리고 글쓰기에 관심이 있고, 작가가 되는 것에 조금이라도 관심이 있는 모든 사람들에게 정말 정말 해 주고 싶은 말이 있다.

 ' 너무 잘 쓰려고 애쓰지 말라'

다시 말해 이 말은 이렇게 대체 될 수 있다.

 ' 필력에 너무 연연해하지 마라.'

글쓰기에 대해 체계적인 교육을 받아 온 사람들, 전공자들은 그러한 것들이 큰 장점이 될 수 있다. 하지만 이미 글쓰기에 대해 체계적인 교육을 받을 기회를 상실한 필자처럼 중년이 되어 버린 사람이나 다시 대학교에 입학하기가 현실적으로 불가능한 많은 이들은 자신이 글쓰기에 대해서 제대로 배운 적이 없기 때문에 작가가 될 수 없을 것이라고 쉽게 단정지어 버린다.

그리고 그렇게 쉽게 단정 지어 버리는 이유 중에 하나가 바로 '필력'이 자신에게는 없을 것이라는 생각 때문일 것이다.

하지만 이것은 큰 오산이었다. 최소한 필자에게는 그랬고, 당신에게도 그대로 적용이 될 것이다.

글을 쓴다는 것은, 즉 책을 쓴다는 것은 결코 필력이 크게 영향을 미치지 않는 다는 것을 나름대로 깨달았던 것이다. 이것이 필자가 책을 쓰는 데 큰 도움을 준 것 같기도 하다.

감동적인 연설을 하는 사람들을 보면, 달변가들이 아니라, 열광할 수 있는 스토리를 가진 사람들이라는 사실에 대해 조금씩 인식하게 되었다.

 타인을 감동시키는 것이 작가지, 필력만 좋은 것이 작가의 가장 큰 자질은 아닐 수 있다는 생각을 하게 되자, 필력이 나빠도, 필력이 좋아도 필력에 너무 연연해 할 필요는 없다는 생각을 하게 되었다.

 미칠 정도로, 죽어도 좋을 만큼 작가가 되고 싶은 당신이 필력이 좀 나쁘다면 어떤가? 필력이 좀 나쁘면 책을 아예 쓸 수 없는 것인가?

 그리고 더 중요한 사실은 필력은 결국 근력과 같다.

 팔굽혀 펴기를 안 하다가 하면 열 개도 하지 못 한다. 하지만 꾸준히 조금만 매일 하면 열 개는 쉽게 할 수 있다.

 필력도 바로 이와 같은 것이다. 필력은 글 쓰는 머리의 근육의 힘인 것이다. 근육은 모두 매일 하면 향상이 된다.

당신이 하루 이틀 글을 쓰고 그만 둘 것이 아니지 않은가? 평생 할 것이고, 최소한 몇 년을 할 것이 아닌가? 그렇다면 필력은 문제가 되지 않는 다. 매일 조금씩 향상되는 것이기 때문이다.

필자가 진정 말 해주고 싶은 것은 필력이라는 덫에 걸려서 처음부터 시작도 하지 못 하는 그런 어리석은 인생을 살지 말라는 것이다.

필력은 하다보면 계속 향상된다. 그러므로 지금 당장 시작하는 것이 중요하다. 내일 시작하는 것보다 오늘 시작하는 것이 더 필력이 향상되는 것은 당연한 일이기 때문이다.

필력이 없을 것이라고 스스로 지레짐작하여 작가가 되고자 하는 길을 포기하는 사람이 적지 않다. 하지만 이것은 가장 큰 오산이다.

필력은 계속 하다 보면 조금씩 계속 생기는 것이다. 그리고 지금 현재 당신의 필력이 형편없다고 해도 절대 걱정할 필요는 없다.

 당신이 책을 쓰면 그 책을 읽어 주는 사람은 반드시 있다. 그 이유는 책의 질을 결정하는 것은 절대로 필력이 아니기 때문이다.

 세련된 필력을 가진 사람보다는 질박하고 소박한 필력이지만 진심으로 글을 쓰는 사람, 혼신을 다해 글을 쓰는 사람, 신명나게 글을 쓰는 사람이 더 좋은 글을 쓸 수 있다고 필자는 믿는 다.

 뿐만 아니라 짚신도 짝이 있다는 사실을 기억하자.

당신의 책의 질과 격을 나는 알 수 없다. 하지만 이 세상에는 너무나 다양한 사람들이 살아가고 있기에, 당신의 책을 읽고 열광하고 눈물을 흘리고, 감동을 하며, 인생을 바꾸는 사람도 분명히 있을 것이라고 나는 믿는 다.

 -명문장의 덫에서 빠져 나와라.

작가는 명문장을 쓰고, 글로 독자들을 사로잡는 문장의 작법가가 아니다.
진짜 작가는 진정한 창조자여야 하고, 자신의 모든 것을 완전하게 통제할 수 있어야 한다.

 명문장을 잘 쓴다고 그 사람이 훌륭한 작가가 될 수 있는 것은 절대로 아니다. 그런 사람에게 광고 카피라는 직업을 선택하기를 오히려 나는 추천한다.

 '작가는 명문장가'라는 공식이 더 이상 성립하지 않는 다. 이 시대의 작가는 특히 더 그렇다.

 '작가는 창조자'라는 공식이 이제 성립하게 되었다고 생각한다. 그러므로 명문장가가 되려고 노력하지 말고, 그 시간에 발명가가 되려고 노력해야 한다는 것이다.

 창조가에게 필요한 것은 정해진 틀과 문장 구조, 명문장이 아니라 자유로운 사색과 넘치는 발상이다. 그런 점에서 쓰레기 같은 수많은 발상과 사색과 사유가 필요한 것이다.

명문장가는 자꾸 자꾸 하나의 문장에 집중하는 사람이지만, 창조가는 끝도 없는 수많은 사유 속에 자신을 던져 넣는 사람이다.

진짜 작가는 너무나 큰 풍요로운 세상에서 살아야 한다. 눈에 보이지 않는 사유의 세상이 클수록 그 사람은 훌륭한 창조가가 될 수 있다.

명문장으로만 이루어진 책을 읽은 적이 있는 가? 그런 책일수록 작가는 없고, 내용도 없고, 스토리도 없고, 감동도 없고, 교훈도 없다.

나는 이런 작가를 잘 알고 있다.

문장만 번지르르하고, 화려하고, 세련되어 있고, 탐낼 만하고, 읽힐 만하다. 하지만 독버섯이 그런 것처럼 너무 화려하고 유혹적인 것은 결국 우리의 정신을 해치게 된다.

고전은 질박해야 하고, 작가는 진실해야 한다.

작가는 교언영색을 멀리 해야 한다. 그것이 진정한 창조가의 자격 요건이다. 작가는 외부를 아름답게 하는 사람이 아니라 진솔한 내면을 보여주는 사람이어야 한다.

그런 점에서 [뼛속까지 내려가서 써라]의 저자인 나탈리 골드버그를 미워할 수 없다. 그녀가 자신의 책에서 밝힌 멋진 글쓰기 철학을 알게 되면 매료되지 않을 자가 어디 있을 까?

" 내가 주장하는 것은 언제나 단 하나다. 자신의 느낌을 믿어라! 자신이 경험한 인생을 신뢰하라. 뼛속까지 내려가서 내면의 본질적인 외침을 적어라!"

그녀의 주장을 잊지 말라. 내면의 본질적인 외침을 글로 적어서 세상을 향해 소리치는 사람이 바로 작가인 것이다.

명문장가가 된다는 것에 대해 절대로 폄하할 생각은 없다. 하지만 너무 과대평가 되어 있는 것은 사실이다. 마치 명문장가가 되지 않으면 작가로서 대성할 수 없는 것처럼 오해하는 사람들이 많기 때문이다.

진짜 명문장은 자신의 뼛속까지 내려가서 내면의 본질적인 외침을 그대로 제대로 표현한 문장이 아닐까?

 어제 저녁에 모처럼 일찍 집에 들어가서 아주 편한 자세로 책을 몇 권 보았다. 도서관에서 하루 종일 책을 읽고, 글을 쓰고 나서 저녁에 조금 일찍 집에 갈 때는 어김없이 책을 몇 권 빌린다.

 집에 가서 잠자기 전에 계속해서 책을 읽기 위해서 이다. 8시쯤에 저녁을 먹고 빌려 온 세 권 중에 먼저 한 권을 집어 들고, 가장 편한 자세로 책을 읽기 시작했다. 놀라운 일이 발생했다.

 TV 앞에 가장 편한 자세로 4시간을 있었지만, TV는 보지 않고, 책에 완전하게 몰입하여 빠져 들었기 때문이다. 이 책을 보면 명문장은 하나도 없다. 하지만 이 책이 독자인 나를 완전히 사로 잡은 이유는 단 한 가지다.

 명문장보다 더 중요한 것은 진심이라는 것이다. 이 책의 저자는 자신의 경험을 솔직하게 써 내려갔던 것이다. 이 책을 읽으면서 너무 자주 고개를 끄덕이며 동감을 했다.

 명문장은 잠시 독자들의 눈과 귀를 즐겁게 해 주고 사로잡을 수 있다. 하지만 독자들의 가슴 속에 오래 남는 것은 진실 된 작가의 이야기이다. 어제 읽은 책의 스토리는 아직도 생생하다. 아마도 이 스토리는 평생 잊지 못 할 것이다. 이런 책이 멋진 책이다.

 명문장은 하나도 없지만, 독자의 가슴 속에 오래 간직되는 책이 진짜 진솔하고 좋은 책일 것이다.

 -오로지 작가는 쓸 뿐이다.

 ' 결과에 연연해서는 안 된다. 특히 작가는 그렇다. 오로지 작가는 쓸 뿐이다. 작가는 글을 쓰는 사람이지 결과에 집착하는 사람이 아니다.'

 작가가 되고자 하는 작가 지망생이나 자신의 이름으로 된 책을 한 권이라도 세상에 출간하는 것을 꿈꾸는 모든 이들에게 해 주고 싶은 말이다.

결과에 집착하지 않을 때 도전할 수 있는 것이다.

아무리 많이 출판사로부터 반려를 당한다고 해도 결코 포기하지 말라. 당신은 책을 쓰는 작가이다. 그리고 이미 책을 쓴 작가와 다를 바 없다.

어떤 출판사의 편집장이 일간지에 이런 칼럼의 글을 쓴 것을 본 적이 있다. 나도 역시 당신에게 꼭 해 주고 싶은 말이 아닐 수 없다.

" 당신들은 모두 작가였다.
 '작가'라는 명함을 가진 이들은 좀 더 세련된 포장 방법을 알고 있다는 점 뿐, 결코
 아무런 차이가 없다. "

자! 어떤가? 당신은 이미 작가다. 다만 쓰지 않았을 뿐, 다만 당신의 이름으로 된 책이 단 한 권도 없다는 것 뿐. 작가는 아무나 할 수 있고, 아무나 될 수 있다.

가장 큰 문제는 하지 않았을 뿐이다.

다시 말하면, 당신이 작가가 되지 않은 이유는 단 한 가지다.

쓰지 않았을 뿐이다. 그러므로 지금부터 당장 쓰자. 쓰고 또 쓰면 되고 또 된다.

그것이 전부다!

무엇보다 실행, 실천이 곧 전부다. 작가에게는 글을 쓰는 것이 실행의 전부다. 그러므로 글을 쓰는 것만 생각해야 하고, 글만 써야 한다. 물론 그렇게는 안 되겠지만 최소한 하루 종일 가장 많이 하는 행동이 글을 쓰는 것이 되어야 할 필요는 있다.

[핑]이라는 책을 읽다가 감동을 주는 대목을 읽었다.

" 무언가가 되고자 한다면 반드시 무언가를 행해야 합니다.

그것이 우리가 이 세상에 보내진 이유입니다.

살아있는 존재라면 누구든 무한한 가능성을 가지고 있

으며, 세상이 주는 무한한 열매를

　받을 자격이 있습니다. " <　스튜어트 에이러비 골드, [핑], 123쪽 >

이 책처럼 무언가가 되고자 한다면 반드시 무언가를 행해야 한다. 수영 선수가 되고자 한다면 수영을 해야 하고, 등산가가 되고자 한다면 등산을 해야 하고, 강사가 되고자 한다면 강의를 무엇보다 많이 해야 하듯, 작가가 되고자 한다면 무엇보다 글을 많이 써야 한다.

　당신이 가진 에너지와 시간과 정신을 온전히 글을 쓰는 것에만 집중해야 한다. 그것이 작가가 되는 길이고, 글을 잘 쓸 수 있는 단 한 가지 방법이다.

　많은 작가들이 한 두 권의 책을 쓴 후 진전이 없거나 더 이상 작가로 살아남지 못 하는 가장큰 이유는 자신의 시간과 정신과 에너지를 글을 쓰는 것, 바로 작가의 본여의 행동에 너무나도 집중시키지 않고 분산시키기 때문이다.

　위대한 작가들을 살펴보면, 그들은 평생 자신의 모든 에너지와 시간과 정신을 글을 쓰는 데 집중했다.

괴테는 [파우스트]를 쓰는 데 평생을 바쳤다. 천재 작가인 괴테 조차 평생을 바쳐서 책을 쓰고 또 썼다.

그런데 너무나 많은 현 시대의 작가들이 한 두 권의 책을 쓰고 나서 다른 것에 더 많은 시간과 에너지와 혼신을 쏟는 듯하다.

작가는 모름지기 글을 쓸 뿐이고, 글을 쓰는 것에 가장 많은 시간과 에너지를 투자해야 한다.

세상은 정직하고, 정확하다. 그래서 이 세상에는 공짜 점심이란 절대로 없다.

읽은 만큼 세상이 보이게 되고, 보이는 만큼 글을 쓸 수 있게 되고, 글을 쓰는 데 투자한 만큼 남게 되는 것이다.

쉽게 얻은 명성은 쉽게 사라지고, 무명인 시기가 10년인 사람은 그 명성이 10년이 가고, 20년인 사람은 명성이 20년이 지속된다.

세상은 정확하고 정직하다. 혼신을 다해 하지 않는 자는 그 어떤 분야로 진출하더라도 최고가 될 수 없다.

작가로서 최고가 되고 싶다면 가장 먼저 해야 할 일이 쓰는 것이고, 가장 중요한 일이 쓰는 것이어야 한다.

- 한 문장을 쓰고 그 다음 문장을 쓰라.

' 코끼리를 잡아먹는 방법이 무엇일까?'

이 질문에 답을 해 보라.

필자의 대답은 이것이다. '한 번에 한 입씩' 먹는 것이다. 이 방법을 제외하고는 없다. 물론 다른 방법도 있지만 본질은 결국 이것이다.

책을 쓰는 작가가 되는 방법도 이와 다르지 않다.

한 마디로 책을 쓰는 유일한 방법은 '한 번에 한 문장씩 쓰는 것'이다.

그래서 작가 지망생들에게 해 주고 싶은 말이기도 하지만, 여전히 필자 본인에게 평생 해 주고 싶은 말은 이것이다.

' 책을 쓰지 말고 한 문장만 쓰자.'

한 문장만 쓰면 그것이 책이 되는 것은 아니다. 하지만 한 문장을 쓰지 않으면 절대 책을 쓸 수 없다는 것이다. 천리 길도 한 걸음에서 시작되고, 태산도 한 줌의 흙에서부터 시작되듯, 아무리 양이 많은 책이라도 한 문장에서 시작되었다는 것을 잊어서는 안 되기 때문이다.

한 문장을 쓰고, 그 다음 문장을 쓰다 보면 어느 새 수백, 수천 장의 원고지를 채우게 되고, 수 십 권의 책을 쓴 작가가 되어 있을 것이다.

결국 하나의 문장이 수 십 권의 책으로 탄생하게 된다.

대한민국에서 1인 기업가의 1 세대였던 공병호 소장도 처음부터 글을 잘 쓰는 사람은 매우 드물다고 말하면서,

꾸준히 쓰는 것이 가장 좋은 비결이라고 말한다.

 " 처음부터 글쓰기를 좋아하는 사람은 없다. 처음부터 잘 쓰는 사람은 더욱 드물다. 무슨 일이든지 처음 시작할 때는 약간의 고통이 따른다. 게다가 두려움과 부끄러움도 함께 한다. 하지만 대문호의 글, 나 같은 저술가의 글 따위와 자신의 소중한 기록을 같은 반열에 놓고 비교하지 마라. 누가 뭐라 해도 자기 자신이 썼기에, 누가 뭐라 해도 내 인생의 기록이기에 소중하고 아름다운 글이다. 그렇게 애정 어린 마음으로 꾸준히 써보라. 수백, 수천 장의 원고지를 채워보라. 모든 일이 그렇듯 글쓰기도 반복하다 보면 어느 순간 문리를 터득한다."

< 임정섭, [글쓰기 어떻게 할 것인가], 194쪽 >

 소설가 김영하씨는 지금 한 창 유행인 TED 강의를 통해 매우 멋진 말을 남긴 적이 있다. 필자도 이것을 보고 열광했다.

 " 롤랑 바르트는 플로베르의 소설에 대해 이렇게 말한다.

플로베르는 소설을 쓴 것이 아니라 한 문장과 다른 문장을 연결했을 뿐이다. 문장 사이의 에로스가 플로베르의 소설의 본질이다. 소설은 기본적으로 앞의 한 문장을 쓴 다음에 그 문장을 위배하지 않는 선에서 그 다음 문장을 쓰는 것."

역시 멋진 아티스트는 달랐다. 그의 TED 강의에는 잔잔하면서도 강렬한 무엇인가가 있었다. 나는 그것에 매료될 수밖에 없었다. 소설가는 정말 멋진 직업이다.

그는 이 강연을 통해 거듭 말한다. '우리는 우리 자신의 예술을 시작하는 것이 중요하다'고 말이다.

당신은 이제 당신의 글을 쓰는 것이 중요하다. 당신의 이야기, 당신의 경험, 당신의 생각, 당신이 얻는 최고의 스토리, 바로 이것이 당신이 글을 써야 하는 이유이고, 당신이 반드시 작가가 되어 당신을 당당히 세상에 보여주어야 할 이유이다.

왜냐하면 당신이 가진 스토리는 당신만이 할 수 있고,

보여 줄 수 있고, 쓸 수 있는 유일무이한 것이기 때문이다. 그것도 당신만이 할 수 있는 일이기 때문이다.

퓰리처상을 수상한 작가인 애니 딜러드는 자신의 저서인 [창조적 글쓰기]라는 책을 통해 다음과 같이 말한 적이 있다.

" 글쓰기는 한 줄의 단어를 펼쳐놓는 것으로 시작된다. 그 줄은 광부의 곡괭이이고 목각사의 끌이며 의사의 탐침이다. 글 쓰는 이가 휘두르는 대로 그 줄은 그에게 길을 파서 내준다. 그 길을 따라가다 보면 새로운 땅에 깊숙이 들어가게 된다."

< 애니 딜러드, [창조적 글쓰기] , 11쪽 >

한 줄의 단어로 시작해서 그것이 한 문장이 되게 하면 그 다음부터는 그것을 연결하고 이어주기만 하면 된다. 그러다 보면 어느 순간 새로운 세계에 깊숙이 들어가 있는 자신을 발견하게 되고 놀라게 될 것이다.

제 2 장. 작가는 누구나 될 수 있다

" 글을 쓰는 능력은 배짱과 마찬가지로 따로 준비하거나 획득해야 하는 게 아니다. 아직은 믿기지 않겠지만, 여러분은 당장이라도 문학작품을 써낼 수 있는 능력을 이미 지니고 있다. 글쓰기는 누구나 할 수 있다. 누구나 글을 쓸 수 있고, 누구나 작가가 될 수 있다."

< 로버타 진 브라이언트, [누구나 글을 잘 쓸 수 있다], 15쪽 >

-작가는 누구나 될 수 있다.

" 작가가 되는 것도 마찬가지이다. 달리 필요한 게 없다! 그러나 굳이 말하자면, 경험이 필요하긴 하다. 인생 경험과 글쓰기 경험, 그 가운데 인생 경험이 없는 사람은 아무도 없다. 작가가 되기 위해 별도의 인생 경험을 할 필요는 없다. 그리고 글쓰기 경험은 종이에 낱말을 늘어놓으며 글과 씨름을 하다보면 저절로 생긴다. 기꺼이 글을 쓰겠다는 마음으로 일단 시작해서 꾸준히 글을 쓰기만 하면 된다. 자신의 이야기를 있는 그대로 솔직히 털어놓으며, 꾸준히 시간을 바치다 보면 어느 새 여러분은 작가가 되어 있을 것이다."

< 로버타 진 브라이언트, [누구나 글을 잘 쓸 수 있다], 14쪽 >

 작가가 되고자 하는 작가 지망생들과 자신의 이름으로 된 책 한 권을 반드시 출간하고자 하는 사람들에게 가장 힘든 것은 자기 자신과의 싸움일 것이다.

 '내가 책을 쓰는 작가가 될 수 있을 까?'
 '누가 내 책을 읽어 줄 것인가?'
 '나 같은 사람도 작가가 될 수 있을 까?'

분명하게 말하겠다. '당신 같은 사람도 물론 작가가 될 수 있다.' 물론 당신 같은(?) 사람이 어떤 사람인지 구체적으로 정확히 알지 못 한다. 하지만 한 가지 사실은 분명하다. '당신 같은 사람'은 스스로 자신의 부정적이고 소극적이고 무기력한 생각에 자신을 가두어 놓고 그 감옥 안에서 벗어나는 것을 매우 힘들어하고 있는 그런 사람이라는 것이다.

 작가는 누구나 할 수 있는 직업이다. 다만 글쓰는 기술이 필요할 뿐이다. 하지만 이것은 특별한 기술이 아니다.

생각해 보라. 식당에서 아르바이트를 하거나, 편의점에서 아르바이트를 하고자 해도, 계산하는 방법과 주문 받는 방법, 서빙하는 방법, 고객 응대 방법 등과 같은 기본적인 기술(?)을 배워야 한다.

글쓰기도 마찬가지이다. 아주 기본적인 것을 스스로 터득하거나 배우기만 하면 누구나 작가가 될 수 있다.

작가는 누구나 될 수 있는 것이지만, 누구나 자리에 앉아서 글을 쓰지 않는 다. 바로 이것 때문에 누구나 될 수 있지만, 아무나 되지 못 하는 것이다. 독자와 작가의 간극은 바로 글쓰기를 하느냐 안 하느냐, 매일 하느냐 일 년에 한 두 번 하느냐에 따라 결정될 뿐이다.

능력이나 재주나 특별한 기술의 차이는 없다. 작가는 그저 글을 쓰는 사람이고, 매일 글을 쓰는 사람일 뿐이다.

당신이 작가가 되지 못 한 단 한 가지 이유는 매일 앉아서 글을 쓰지 않았기 때문이다. 최소한 한 권의 책을 출간하기 위해서는 글을 매일, 자주, 많이 쓸 필요가 있다.

글쓰기는 위대한 기술이다. 그런 점에서 작가는 그러한 기술을 연습과 훈련을 통해 습득한 사람일 뿐이다. 특별히 어렵고 습득하기에 힘이 많이 드는 기술은 아니다. 다만 그 과정이 힘들 뿐이다.

한 번 습득만 하게 되면 글쓰기만큼 즐거운 것도 이 세상에 또 없을 것이다. 글을 쓰는 즐거움을 누리면서 생계를 유지할 수 있는 멋진 직업이기도 하기 때문이다.

지금 이 시대만큼 평범한 사람들이 글을 자주 매일 많이 쓰는 시대는 일찍이 없었다는 사실을 필자는 필자의 다른 책을 통해서 강조하고 주장한 바 있다.

그리고 필자가 TED 강연 시에 발표 했던 주제가 바로 '누구나 글을 쓰는 시대, 새로운 미래, 새로운 인류가 몰려온다.'였다.

이 강연을 통해서 필자는 세계 최초로 새로운 신인류를 정의한 바 있다. 그것은 한 마디로 '호모 스크립투스(Homo Scriptus)'이다. ''호모 스크립투스(Homo Scriptus)'란 말은 '글을 쓰는 인간'이라는 라틴어

말의 조합으로 필자가 처음으로 만든 말이다.

 그렇기 때문에 필자의 책을 제외하고는 이 단어를 사용한 그 어떤 사람도 없다. 이런 단어와 이런 개념에 대해 말한 학자나 작가는 한 명도 없다는 사실이다. 필자가 새롭게 만든 개념이고 단어이기 때문이다.

 ''호모 스크립투스(Homo Scriptus)' 는 필자의 다른 책 제목이기도 하다. 이 주제에 대해서는 이 책을 참조하기 바란다. 하지만 여기서는 간단히 왜 누구나 작가가 될 수 있는 시대가 오고 있고, 왜 지금 이 시대를 살아가고 있는 우리들은 새로운 신인류인 '호모 스크립투스'인지에 대해 간단히 말하고 넘어갈 것이다.

 한 마디로 우리가 사는 시대의 인류는 트위터와 페이스북을 통해서 평범한 사람들이 매일 글을 쓰고 또 쓰는 그런 시대를 살아가고 있다는 사실에 주목한 결과, 인류 역사상 지금처럼 평범한 일반 시민들이 이토록 열심히, 그리고 자주, 그리고 거의 매일 글을 쓰고 또 쓰는 시대는 없었다는 것을 발견하게 되었던 것이다.

과거에도 물론 일기를 쓰는 사람들은 있었다. 하지만 지금처럼 매일, 자주, 글을 쓰고 또 쓰는 사람들이 많아진 시대는 없었다는 것이다.

 과거 중세 시대 혹은 가까운 50년 전의 사람들에게 당신은 작가가 될 수 있습니다라고 말을 한 다면 그것은 거짓말에 가까울 것이다.

하지만 지금처럼 블로그나 페이스북이나 트위터에 자신이 직접 글을 쓰고 또 쓰는 신인류에게 '당신은 작가가 될 수 있습니다.' 라고 말을 하는 것은 절대 거짓말이 아니다. 일상에서 그들이 해 온 것을 다만 종이책으로 전환만 시키면 되기 때문이다.

 이미 책 한 권 분량 이상의 글을 트위터나 블로그나 페이스북에 남긴 사람들이 적지 않기 때문이다. 알게 모르게 작가가 되는 그런 작가 수업을 이 시대는 평범한 사람들에게 시키고 있는 그런 시대라는 것이다.

 그래서 필자는 이 TED 강연을 통해 새로운 용어인 '라이더(Wrider)' 에 대해서도 언급을 했다. 이 말도 필자가 최초로 만든 말이다.

 위대한 미래학자 앨빈 토플러는 오래 전에 [제 3의 물결]이라는 책을 통해 생산자와 소비자의 경계가 무너지고, 프로페셔널과 소비자의 경계가 무너지는 현상에 대해 예견한 적이 있다. 그가 자신의 책을 통해 만든 새로운 용어인 프로슈머(prosumer)가 바로 그러한 현상을 잘 대변해 주는 말이다.

 필자는 21세기가 되어 독자와 작가의 경계가 무너지고 있다는 것을 인식하게 되었다. 이런 추세는 앞으로 더욱 더 심해 질 것이다.

 그래서 작가(writer)와 독자(reader)의 합성어를 최초로 만들었다. 그것이 바로 '라이더(wrider)'라는 신조어이다. 책을 읽는 독자이면서 동시에 책을 쓰는 작가인 사람을 의미한다.

이러한 라이더라는 말은 필자가 최초로 만든 말이고, TED 강연을 통해 세상에 처음으로 알렸고, 필자의 다른 책에서 좀 더 자세히 설명을 했다.

결론은 이제 누구나 작가가 될 수 있는 시대라는 것이다. 50년 전이나 조선 시대나 중세 시대 였다면 이런 말을 절대 할 수 없었을 것이다. 하지만 지금 이 시대의 사람들에게 확실하게, 그리고 분명하게 말 할 수 있다.

 이미 작가가 될 충분한 경험과 능력을 가지고 있는 인류가 바로 '호모 스크립투스'인 이 시대를 살아가고 있는 바로 여러분들이기 때문이다.

 −진짜 작가는 말하고자 하는 것이 있어야 한다.

 생각지도 못 했던 일이 내 인생에 일어났다. 내 이름으로 된 책이 출간된 일이었다. 벌써 2년 전의 일이었다. 이때만 해도 꿈만 같았다. 결코 쉬운 일은 아니었다. 하지만 그것은 누구나 할 수 있는 일이었다.

 최소한 필자는 그렇게 생각한다. 그런 기적과 같은 일이 생긴 후 1년이 지나자 내 이름으로 된 책들이 한 권씩 늘어났고, 이름이 조금 알려지면서 여기 저기 강연을 가게 되었다.

그런데 스피치, 강연, 연설, 프레젠테이션 등을 할 때 가장 중요한 것이 무엇인지에 대해서 곰곰이 생각해 볼 기회가 생겼다.

TV에 출연하여 토크를 해야 하고, 다양한 직업의 사람들 앞에서 연설을 해야 하고, 라디오 방송에 나가서 스피치를 해야 하고, 심지어 TED 강연에 나가서 프레젠테이션을 해야 했기 때문이다.

처음에는 기교, 목소리, 자세, 테크닉, 경험, 발성, 발음, 자신감, 화법, 등과 같은 것들이 가장 중요한 것인 줄 알았다. 하지만 이내 곧 정신을 차리게 되었고, 가장 중요한 것이 무엇인지를 알게 되었다.

스피치든 대화든 연설이든 프레젠테이션이든 가장 중요한 것은 '콘텐츠'라는 것을 말이다.

즉 하고 싶은 말, 말하고 싶은 이야기, 콘텐츠가 있어야 한다는 사실이었다. 그것이 없는 사람은 아무리 말을 번지르르하게 잘 한 다 해도 아줌마 수다 밖에 되지 않는다.

 TED 강연과 한국 사회에 많이 넘쳐나는 수많은 강연을 비교 해 봤을 때 너무 큰 격차를 느끼게 되어 한국인으로서 부끄럽다는 생각을 조용히 개인적으로 해 본 적이 있다. 물론 개인적인 생각이며 개인적은 느낌임을 미리 밝혀 둔다.

 TED 강연에 나온 이들은 모두 자신이 말하고 싶은 콘텐츠가 너무나 확실하고 분명하고, 그러한 콘텐츠 중에 80% 이상이 자신의 오랜 공부와 연구를 통해 얻어낸 것들이다. 그래서 듣는 이들은 모두 감동과 감탄을 하는 것을 자주 접할 수 있다. 한 마디로 매우 기발하고 독창적이고 학문적이고 수준이 높은 콘텐츠들이라는 것이다.

 하지만 한국 사회에 만연해 있는 강연들을 보면, 특히 TV에서 방영되고 있는 강연들을 살펴보면, 연구와 아이디어를 토대로 한 TED 강연하고는 성격부터가 너무나 다르다.

한국 사회의 강연들을 보면 가장 먼저 느껴지는 것이 그들은 모두 말을 너무 번지르르하게 잘 한다는 것이다. 그리고 더 중요한 특징은 내용, 즉 알맹이가 별로 없다는 것이다. 즉 누구나 할 수 있는 그런 수준의 내용만을 좀 더 드라마틱하게, 효과적으로, 관객과 소통을 잘 하면서 한다는 것이다.

마치 시원한 코카콜라나 사이다를 마시는 것처럼 시원하지만, 몸에는 좋지 않다. 하지만 TED 강연은 이와 반대다. 빈약한 내용에 상대적으로 말만 잘 하는 그런 전문 강사가 나오는 것이 아니라 말은 못 해도, 꽉 찬 내용, 수준 높은 콘텐츠를 가지고 나온다는 것이다.

작가는 바로 이러한 수준 높은 콘텐츠, 꽉 찬 내용, 정말 세상에 내놓고 싶은 그런 '거리'들을 가지고 있는 사람이어야 한다는 것이다.

필자의 경우가 바로 이런 경우다.

직장 생활에서 재미와 즐거움과 흥분을 더 이상 느끼지

못 해서 무작정 회사에 사표를 던졌다. 그러고 나서 부산에 내려와서 방황을 시작했다. 그러던 중 도서관에 나가서 책을 보기 시작했다.

 직관에 이끌렸다고 볼 수 있다. 매일 도서관에 가서 책에 미치자 책 읽는 즐거움에 몇 년을 그저 보냈다.

 그런 과정에서 읽은 책이 많아졌다. 하지만 작가가 되겠다는 꿈은 한 번도 꾼 적도 없었고, 지금도 그러한 생각은 변함이 없다. 그저 책이 좋아서 책을 읽었다. 다양한 분야의 책을 읽다가 공부에 대한 책으로 주제가 흘러가게 되었고, 공부에 대한 책을 섭렵하게 되었다.

 그런데 너무나 화가 났다. 공부에 대한 책들이 모두 공부 기술, 공부 테크닉, 공부 방법에 대한 이야기 뿐이었기 때문이다.

 결국 '진짜 공부는 그런 것이 아니다. '

 라는 울분과 함께 '공부는 진짜 이런 것이다' 라는 말이 목 끝에까지 치밀어 올랐다. 그래서 무작정 문방구에

가서 원고지를 구입했다. 그리고 그 위에 글을 쓰기 시작했다.

너무 너무 말하고 싶은 것이 있었기 때문이다. 그래서 한 달을 꼬박 썼다.

공부가 무엇인지, 공부는 왜 해야 하는지, 공부의 참 된 기쁨은 무엇인지, 공부를 통해 일가를 이룬 공부의 대가들은 누구인지... 등과 같은 내용으로 끝도 없이 써내려갔다.

그렇게 한 달 정도 쓰고 나서, 문제가 생겼다. 쓸 때는 신나고 즐겁고 신명났지만, 막상 다 쓰고 나니 이 원고를 어떻게 해야 할지 몰랐던 것이다.

고민하다가 출판사 몇 군데에 보냈다. 그랬더니 출판사에서 연락이 왔고, 출간하게 되었던 것이다. 한 달 쓴 그 원고가 책 세 권 분량이 넘는 다는 소리에 놀라기도 했다.

작가는 자신이 하고 싶은 이야기, 말하고자 하는 것이

있어야 한다. 없다면 작가가 될 수 없고, 글을 쓸 수 없다. 말하고자 하는 것이 있기 위해서는 많은 책을 읽어야 한다.

 읽은 만큼 보이고 보이는 만큼 쓸 수 있기 때문이다. 보이는 만큼 하고 싶은 말이 많아지게 될 것이다. 하지만 읽지도 않고, 그래서 아는 것도 적고 눈에 보이는 것도 적은 사람은 하고 싶은 말이 금세 바닥이 나고 만다.

 하고 싶은 말이 없는 데도 다른 목적 때문에 글을 쓰고자 한다면 그것은 정말 최악의 상황을 맞이하게 될 것이다. 명심해야 할 것이 하나 있다면 이것이다.

 작가가 되기 전에 충분히 충분한 책들을 충분하게 읽어두는 것이 중요하다는 것이다. 그래서 중국 시성 두보와 추사 김정희 선생이 한 말이 하나도 허투루 하는 말이 아닌 것이다.

 중국 최고의 시인으로 시성이라 불렸던 두보(杜甫)는 '만 권의 책을 읽으면 글을 쓰는 것도 신의 경지에 이른다. 독서 파만권 하필 여유신(讀書 破萬卷 下筆 如有

神)' 이라고 말한 적이 있다. 그리고 추사 김정희 선생도 ' 가슴 속에 만 권의 책이 들어 있어야 글과 그림이 흘러 넘쳐서 잘 쓸 수 있게 된다' 라고 말했던 것이다.

자기 자신에게 물어보라.

'당신은 꼭~~, 반드시, 죽는 한이 있어도 이 세상을 향해서 외치고 싶은 말, 꼭 하고 싶은 말이 있는가?'

그것이 있는 사람이 작가가 될 수 있다. 작가란 그런 말을 글로 옮겨 쓰는 사람이기 때문이다.

- 문법, 맞춤법, 띄어쓰기의 덫에서 벗어나라.

처음부터 잘 하는 사람은 없다. 천재들도 처음에는 실수 투성이었다. 그것을 알아야 한다. 특히 작가의 세계에서도 그렇다. 10년 혹은 20년 동안 무명작가의 삶을 살았던 거대한 거장들은 셀 수 없이 많다.

그리고 더 중요한 사실은 문법이나 맞춤법, 띄어쓰기에

자신이 너무 취약하다고 처음부터 기죽지 말라는 것이다. 그러한 것들은 결국 계속해서 작가의 삶을 살고, 계속해서 글을 쓰는 삶을 살게 되면 고쳐질 수 있는 문제라는 것이다.

심지어 고쳐지지 않는 다 해도 그러한 것들이 당신이 작가가 되는 길을 절대 방해할 수 없다는 것을 명심하자.

영국 문학사상 가장 위대한 업적으로 손꼽히는 작품을 집필한 브론테 자매에 대한 이야기를 알게 된다면 이러한 사실에 대해 당신은 이해할 수 있을 것이다.

브론테 자매가 누군가? <제인 에어> <폭풍의 언덕> 등과 같은 영문학의 영원한 고전을 남긴 위대한 거장들이다.

하지만 '될 성 부른 나무는 떡잎부터 안다'고? 절대 아니다.

작가는 태어나는 것이 아니라 스스로 만들어 나가야 하는 것이다. 브론테 자매는 스스로를 만들어나갔던 거장들이다.

 브론테 자매들의 초창기 글쓰기에 대해 말해보면 한 마디로 형편없었던 글쓰기라고 밖에는 달리 할 말이 없음을 알게 된다. 정말이냐고 묻는 다면? 정말 그렇다고 말해 줄 것이다. 사실이기 때문이다.

 [탤런트 코드]라는 책의 저자이며 <뉴욕 타임스>의 저명한 저널리스트인 대니얼 코일은 이러한 사실에 대해 잘 설명해 준다. 한 마디로 위대함은 타고 나지 않는 다. 다만 무턱대고 하는 꾸준한 노력보다는 정확하고 심층적인 연습을 통해 성취해 내는 것이라고 말이다.

 그는 브론테 자매에 대해서도 똑같은 일이 벌어졌다고 한다. 처음에는 그들이 모두 미숙하고 형편없는 실력의 글쓰기를 했지만, 그들은 위대한 작가가 되었다고 말하면서 그 비밀을 우리에게 알려 준다.

 브론테 자매의 초기 글쓰기 실력에 대한 그의 평가를 읽어 보자.

"전기 작가들은 브론테 자매의 막무가내식 글쓰기, 오싹할 정도로 엉망인 맞춤법, 10대 후반에 쓴 글에서도 찾아볼 수 없는 구두점 등을 그럴듯하게 얼버무린다. 눈에 띄는 미숙한 사고의 흐름과 성격 묘사도 마찬가지다. 초기 작품에 나타나는 이런 요소들 때문에 브론테 자매가 어린 나이에 그처럼 왕성한 문학적 시도를 했다는 사실이 평가절하 되는 것은 아니다. 그러나 그들이 타고난 소설가라는 관점의 근거는 심하게 흔들린다."

(대니얼 코일, 《탤런트 코드》, 웅진지식하우스, p.54)

한 마디로 그들은 타고난 소설가가 아니라는 것이다. 그럼에도 그들이 위대한 작가가 될 수 있었던 비결에 대해 그는 이렇게 설명하고 주장한다.

"초기 작품의 미숙함은 그들이 궁극적으로 성취한 문학적 위상과 모순되지 않는다. 오히려 그것은 선결 조건이다. 그들은 미숙한 모방으로 시작했음에도 위대한 작가가 된 것이 아니라, 미숙한 모방에 엄청난 양의 시간과 노력을 기꺼이 쏟아 부었기 때문에 위대한 작가가 될 수 있었다." (대니얼 코일, 《탤런트 코드》, 웅진지식

하우스, p.54 ~ 55)

 그러므로 그대들이여! 무엇이 두려운가?

 문법, 맞춤법, 띄어쓰기에 자신이 없는 사람이라도 일단 책을 쓰라. 아무리 형편없는 책이라도 일단 쓴다는 것은 엄청난 경험을 하는 것이다. 그리고 그러한 경험을 하는 과정을 통해 당신은 당신의 뇌 속에 있는 수백만 개의 뇌세포를 깨우고 움직이게 할 수 있다.

 문법, 맞춤범, 띄어쓰기는 결국 작은 도구에 불과하다. 그러한 도구를 잘 사용하지 못 한다고 해서 엄청난 일들을 해 낼 수 있는 연습과 훈련을 하지 않고 시간을 낭비하며 세월을 보낼 것인가?

 당신의 인생은 한 번 뿐이다. 연습과 훈련은 많이 할수록 좋다. 그렇기 때문에 지금 당장 쓰기 시작해야 한다. 도구 사용법은 결국 연습하면서 함께 익힐 수 있는 것이다.

- 20년 동안 쓰레기 같은 글을 쓴 대문호.

당신이 알고 있는 대문호들은 모두 처음부터 글을 잘 썼던 그런 천재들이었을 까? 놀랍게도 20년 동안이나 글을 썼음에도 '쓰레기같은 글'만 쓴다고 혹평을 받은 그런 20년 동안 무명으로 혹독한 작가 수업을 했던 대문호도 있다는 사실을 알고 있는 가?

필자도 역시 이런 사실을 과거에 처음 접하고 나서 굉장히 큰 충격을 받았다. 정말 대문호였던 그런 사람이 20년 동안 글을 써 왔지만 그럼에도 불구하고 평균적인 수준으로 도약도 하지 못 했기 때문이었다.

그런데 더 놀라운 사실은 한 분야에서 20년을 연습하고 훈련하게 되면 최소한 어느 정도의 성과가 있어야 포기하지 않을 수 있다. 하지만 이 사람은 그럼에도 포기하지 않았다는 사실이 더욱 더 놀라운 사실로 필자에게 다가왔던 것이다.

10년 법칙, 1만 시간의 법칙은 어떤 사람이라도 10년 정도의 시간이나 1만 시간 동안 연습하고 훈련하게 되면 어느 정도의 도약을 경험하게 될 것이라는 법칙이다. 그런데 이러한 10년 법칙도 이 사람에게는 아무 소용이 없는 듯하다.

톨스토이와 함께 19세기 러시아 문학을 대표하는 세계적 대문호인 도스토옙스키가 바로 20년이 넘도록 창작 활동을 해 왔지만, 쓰레기 같은 글을 쓴다고 혹평을 받는 그런 별볼일 없는 작가였던 때가 있었다는 것이다.

' 너저분하게 쌓인 잡동사니 같은 글만 쓴다.'

이 말을 들은 그의 나이는 글을 막 쓰기 시작했던 20대가 아니라 이미 20년 이상 글을 수없이 많이 쓰고 나서인 40대 중반이었다는 사실을 당신은 믿을 수 있는가?

그가 글을 쓰기 시작한 것은 20대 였다. 그가 그의 처녀작인 [가난한 사람들]이란 책을 발표했을 때 그의 나이는 25세 였다. 실제로 그는 이 작품으로 약간 인정을 받았다. 약간 말이다. 하지만 이것이 처음이자 마지막이었다.

그 후 그가 내 놓는 모든 작품들은 주목받지 못했다. 중간에 우여곡절도 있었지만 그는 1분 1초를 아껴가며 글을 쓰고 또 쓰는 사람이었다. 하지만 40대 중반까지 그의 작품들은 크게 성공하지 못 했던 것이다.

 그렇지만 그는 포기하지 않고 계속 글을 쓰고 또 쓰면서 40대를 치열하게 보냈다.

 그 결과 40대 중반 이후로 그는 세계적인 거작에 속하는 <죄와 벌> <백치> <악령> 등을 거침없이 쏟아냈다. 비로소 그는 세계적인 거장의 반열에 오르게 되었던 것이다.

 당신은 20년 동안 글을 썼지만 '쓰레기 같은 글만 쓴다'고 혹평을 들어도 글쓰는 것을 포기하지 않을 각오가 되어 있는가? 그렇다면 도전하라.

 - 세련된 글이 아닌 당신의 거친 숨소리를 남겨라.

작가는 모름지기 세련된 글이 아닌 자기 자신만의 독특

한 거친 숨소리를 책에 남길 수 있어야 한다. 누구나 다 예쁘게 성형 수술을 받아서 성형 미인이 된다면 누가 미스 코리아가 될 것인가?

세련된 것보다 작가는 질박한 자기만의 스타일, 거친 숨소리를 책 속에 담을 수 있는 사람이어야 한다. 이것이 필자의 생각이다.

그래서 말투에 사투리가 섞여 있고, 원석처럼 다듬어지지 않았을 때, 더욱 더 참신할 수 있다.

수많은 책들이 모두 세련된 서울말을 쓴다면 아무도 그런 책들, 수많은 책들 중에 하나에 불과한 책에 눈길조차 주겠는가?

조금은 투박하고 조금은 거칠어도 당신만의 사투리가 섞인 문체는 또 다른 하나의 매력일 수 있고, 무엇보다 차별화가 된다는 점을 명심하라.

좋은 책은 무엇보다 차별화가 되어야 한다. 남다른 차이, 그것이 최고의 경쟁력이라는 생각한다.

하루에도 수 백 권의 책이 출간되는 시대에 당신의 책에 어떤 사람이 눈길을 주겠는가? 독자들을 구걸하기 보다는 독자들이 읽고 싶어서 안달 나게 하는 것이 작가의 최고의 능력인 것이다.

처음에 한 두 권의 책이 어느 정도 독자들에게 읽힌다고 해도 그 다음이 문제다. 그 다음의 책은 첫 번째와 두 번째 책 보다 더 나아야 한다. 그런데 그저 세련된 문체와 편집자의 윤문과 책의 아름다운 디자인과 독자를 사로잡는 책 제목과 같은 것들에 의지해 온 작가는 생명력이 길지 않다는 사실을 명심해야 한다.

하지만 자기 자신만의 사투리가 섞인 자기 자신만의 문체를 가지고 있고, 자기 자신만의 스타일을 가지고 있는 독자는 매니아와 같은 독자층을 작지만 꾸준히 형성해 나갈 수 있게 된다.

결국 이런 작가의 생명력이 길 수밖에 없음을 알아야 한다.

작가가 되고자 하는 당신에게 묻겠다.

'당신은 당신만의 차별성을 가지고 있는가?'

한국사회에는 자기계발서를 쓰는 작가가 되고자 하는 사람들이 의외로 많다. 앞으로는 더 많아질 것이다. 그리고 그 내용이란 것도 자세히 살펴보면 전부다 그 밥에 그 나물이다.

그래서 인문학을 접목시킨 자기계발서나 경영학을 접목시킨 자기계발서가 작년에는 돋보였고, 올해에는 아마도 뇌과학을 접목시킨 자기계발서나 가족애를 접목시킨 자기계발서가 조금 돋보일 수 있을 것이다.

예능의 경우를 보면 이러한 사실을 쉽게 알 수 있다. 예능 프로그램이 너무나 식상해 졌기 때문에 참신한 것을 시청자들은 원한다는 것을 '정글의 법칙' '아빠 어디가' '인간의 조건인' ' 나 혼자 산다'와 같은 새로운 예능의 대세 프로그램을 보면 쉽게 알 수 있다.

당신이 한 권의 책만을 쓰고자 하는 사람이든, 작가로서의 삶을 앞으로 지속해 나가고 싶은 작가 지망생이든 상관없다. 반드시 명심해야 하는 것은 다른 작가와 확실하게 구별되는 당신만의 차별화를 구축해야 한다는 것이다.

 그런 점에서 자기 자신만의 사투리와 문체를 굳이 포기하고 세련된 문체로 바꾸려고 하는 것은 투자하는 노력과 시간에 비해서 얻는 것이 없을 뿐만 아니라 손해일 수 있다는 것을 말해 주는 것이다.

 세계적인 경영컨설턴트인 톰 피터스는 자신의 저서 [인재]에서 다음과 같이 말했다.

 "(기업, 그리고 당신에게) 차이, 특히 극적인 차이야말로 브랜딩의 전부다. 당신은 어떤 면에서 독특한가? 그걸 찾아내라. 그걸 선전하라. 그걸 키워라."
_톰 피터스, <인재>, 51쪽

 세련되기 보다는 당신만의 거친 숨소리를 세상에 당당히 내 놓을 줄 알아야 한다. 진짜 소중한 것은 바로 당신만이 가지고 있는 그것임을 자각해야 한다.

- 지식이 아닌 감성으로 작가가 되어야 한다.

 작가는 자신이 가진 지식을 타인에게 나누어 주고 소개하기 위해 글을 쓰는 사람이 절대 아니다. 작가는 자신이 살면서 느낀 감정을 세상과 타인에게 표현하기 위해 글을 쓰는 사람이다.

 다시 말해, 작가는 자신이 누구인지, 어떤 사람인지를 밝히기 위해 책을 쓰는 사람이다. 그런 점에서 작가가 될 수 있는 사람은 지식이 많은 사람이 아니라 감성이 충만한 사람이다.

 "내가 어떤 존재이고 왜 여기 있는지 알지 못한다면 인생을 살아 갈 수 없다."

대문호 톨스토이의 이 말을 작가 지망생들은 명심해야 할 것이다. 자기 자신에 대한 자각과 자신이 왜 여기 있는 지, 자신의 삶의 목적과 소명과 의미는 무엇인지, 이 세상은 왜 누굴 위해서 존재하는 것인지, 인류가 추구해야 할 그 무엇은 무엇인지에 대한 진정한 자각과 사색과 고민이 없는 사람은 작가가 될 수 없다.

그런 점에서 이러한 것들에 대한 추구와 사색은 지식이 아니다. 뜨거운 가슴이고 감성의 영역에 속하는 것이다.

지식을 이미 평준화 되었고, 지식에 열광하는 시대는 지나갔다. 사람들은 지식이 아닌 누군가의 독특한 스토리에 더 열광하는 시대가 되었다. 한 마디로 지식 정보화 사회에서 감성과 창조의 사회로 바뀌고 있다는 말이다.

이런 시대에 지식을 단순히 전달하는 그런 지식 전달자(transfer)는 절대 작가로서 성공할 수 없다. 하지만 반대로 자기 자신만의 독특한 이야기를 발굴하고 가지고 있는 그런 감성 지수가 높은 사람들은 작가로 성공할 수 있다.

이 시대가 원하는 것이 바로 감성과 스토리와 이미지이기 때문이다.

이런 시대에 더욱 더 필요한 것은 바로 우뇌형 인간, 우뇌형 작가이다. 물론 가장 좋은 것은 좌뇌와 우뇌를 균형 있게 사용하는 작가이다. 여기에 대해서는 더 나은 작가가 되기 위한 조언에서 할 것이다.

 그렇기 때문에 여기에서는 다만 먼저 우뇌형 작가에 대한 이야기를 하고자 한다.

우리가 살아왔던 지식 정보화 사회는 한 마디로 말해서 좌뇌형 인간, 좌뇌형 작가가 성공하는 사회 구조이고 사회였다.

 이 시대에는 똑똑한 사람들, 남들보다 많은 지식을 가지고 있는 학자들, 박사들, 프로페셔널한 사람들이 필요했던 시대였다. 그래서 엄청난 지식과 정보를 가지고 있는 똑똑한 사람들이 작가가 되는 것이 추세였고, 또한 그것이 자연스럽고 쉬웠다.

 그래서 작가는 보통 엄청나게 똑똑한 사람들이 하는 것이라는 고정 관념을 가지게 된 것인지도 모른다. 하지만 이제는 엄청난 지식과 정보보다는 감성을 자극해 줄 수 있는 엄청난 스토리와 캐릭터에 열광하는 시대이다.

 그래서 개성이 중요하다는 말도 나오게 되었던 것이다.

또한 감정지능을 한 가지 기능인 타인과의 공감 지수와 유머 지수 들이 연봉을 좌우한다는 주장도 나오고, 연구 결과도 나오는 것이다.

감성과 창조의 시대가 되면 될수록, 남과 다른 차이, 개성은 큰 힘이 된다는 것을 알아야 한다.

스페인 광고, 홍보업계의 살아 있는 전설로 커뮤니케이션 혁명을 주도한 세계적인 퍼블리시스트인 호아퀸 로렌테가 한 말을 우리는 기억해야 한다. 그는 자신의 저서인 [생각하라, 생각은 공짜다]란 재미있는 책을 통해 다른 사람과 구별되는 차이가 없는 사람은 앞으로 살아가기 힘들 것이라는 내용을 설파했다. 즉 개성이 없는 사람은 성가신 존재인 파리와 같다고 말했다. 당신이 성가신 존재가 된다면, 당신은 정말 사회의 구성원으로 살아가는 것이 힘들 것이다.

"우리는 혈연이나 동일한 정서로 묶인 관계 속에서만 살아갈 수 없다. 잘 모르는 사람과도 널리 공존해야 한다. 따라서 모든 사람은 각자가 하나의 브랜드다. 우리의 이름은 그런 공동체에 가입했다는 표시다. 그러나 환영받느냐 거부당하느냐는 서로에게 얼마나 이익이 되느냐만이 아니라 어떤 퍼스낼리티를 가지고 있느냐에 따라 결정된다. 개성이 없으면 접촉은 무의미한 것이고 심지어 짜증스러울 수도 있다. 개성이 없는 사람은 성가신 파리나 마찬가지다."

< 호아퀸 로렌테는, <생각하라, 생각은 공짜다>, 205쪽 >

그의 말처럼, 우리가 환영받느냐 거부당하느냐는 얼마나 남들과 차이점을 가지고 있느냐에 의해 결정된다. 그렇기 때문에 차이가 모든 것을 말하는 것이다.

심지어 작가가 되고자 하는 사람은 이 사실을 두세 배 더 명심해야 한다. 작가는 환영받아야만 먹고 살 수 있고, 성공할 수 있는 존재이기도 하다. 남과 다르다는 것은 이제 경쟁력이며, 힘이며, 존재감의 다른 이름이다.

그러므로 당신만의 감성을 가지고, 그것을 개발시키도록 노력해야 한다.

- 책 한 권 쓴다고 인생이 바뀌지 않는 다.

 작가 지망생들은 반드시 명심해야 할 것이 있다. 그것은 바로 '책 한 권 쓴다고 해서 인생이 바뀌지 않는다는 것'이다.

 이것이 절대로 믿기지 않는 다면 이것을 생각해 보면 된다. 학창 시절이나 군대 시절을 생각해 보라.

 군대 있을 때는 제대만 하면 세상이 다 내 것이 되는 줄 알았다. 그리고 학창 시절 때 까지는 제대로 돈을 벌지 못 한다. 기껏해야 아르바이트나 과외를 해서 약간의 용돈 정도를 벌 수 있을 뿐이다.

 그래서 좋은 회사, 특히 대기업 같은 데 취직을 하게 되면 세상이 달라지고 인생이 바뀌게 될 것이라고 생각한다.

 하지만 여기서 중요한 사실은 제대를 한다해도, 대기업에 취직을 한다해도, 절대로 인생이 그렇게 많이 바뀌지 않는 다는 것이다.

그렇다면 왜 이렇게 뭔가를 했는데도 인생이 바뀌지 않고, 세상이 달라지지 않는 것일까? 최소한 인생 하나는 바뀌어야 하는 것이 아닌가?

하지만 문제는 여전히 당신에게 있다는 사실을 명심하라.

책을 한 권 출간해서 인생이 바뀌는 사람은 책을 출간한 사람들 중에 10% 정도도 안 된다. 그 책이 특별히 엄청나게 많이 팔려서 하루아침에 큰돈을 벌게 되는 경우이거나 그 책 때문에 좋은 평가를 얻어서 차근차근 인지도를 높이고, 작가로서의 명성을 쌓는 경우가 있다.

나머지는 오랜 무명의 작가 생활을 해야 한다. 냉혹하게 들리겠지만 책을 쓰는 작가가 되어 윤택한 삶을 사는 사람은 작가들 중에 20% 정도라고 생각하면 거의 맞을 것이다.

독자들의 80%를 차지하는 작가들은 정확히 20%이기 때문이다. 그렇다면 그 이유는 무엇일까? 앞에서도 약간 언급했던 것과 비슷한 맥락의 이야기일 수 있다.

한 마디로 '튀지 않았기 때문'이다,

'이코노미스트'가 구루 중의 구루라고 부르는 톰 피터스는 [톰 피터스 에센셜, 인재]에서 당신 자신만의 특별함을 가진 당신이라는 브랜드를 재창조하지 않으면 죽음뿐이라고 강하게 주장한다. 브랜드유 세상의 법칙은 아무리 이야기를 둘러서 한다고 해도 하나 뿐인 이것이라고 한다.

"튀지 않으면 죽음뿐이다."

그는 우리에게 차이를 추구하라고 강조한다. 그것도 극적이 차이 말이다. 극적인 차이야말로 브랜딩의 전부라고 한다.

"브랜드유 개념을 놀라울 정도로 완벽하게 구현한 집단이 있다. 바로 대학 교수들이다. 일반인은 학문의 최고봉에 있는 학자들이 마케팅의 대가라는 사실을 이해하지 못 한다. 그러나 오늘날의 교수들은 과거처럼 '어리석은 책벌레'가 아니라 '창조성이 풍부한 모험가'다.

교수가 충성하는 주된 대상은 미생물학과 재정학, 법학 등 전공 분야다. 그래서 그들은 외부에 내세우는 대학이 아니라 전공이 같은 전 세계 동료 교수들의 공동체에 주로 참여한다. 연구자원을 제시하는 특정 대학에 일정 기간 몸을 담기는 하지만 실험과 보조금, 출판 계약, 심지어 연금을 포함한 나머지 부분에서는 철저히 자율에 의해 움직인다.

단적으로 노벨상을 의미하는 그들의 성공은 '고용주(대학)'가 아니라 전 세계에 흩어진 동료 집단과의 협력에 달려 있다."
_톰 피터스, <인재>, 36쪽

다시 말해 당신이 작가가 되고, 책을 출간해서 인생이 바뀌고 싶다면 반드시 해야 하는 것이 바로 당신 자신을 하나의 브랜드로 만들어야 한다는 것이다. 그리그 그렇게 하기 위해 가장 먼저 해야 하는 것이 당신을 특별한 존재, 극적인 차이가 있는 존재로 만들어야 한다는 것이다.

작가가 된다는 것이 최고의 브랜딩이라는 사실에 대해서는 다음 장에서 좀 더 깊이 있게 말을 하려고 한다.

― 작가는 세상 밖에서 사는 외로운 사람이다.

필자는 작가로서의 삶, 사실은 한 번도 나 자신을 작가라고 생각해 보지는 않았지만, 어쨌든 글을 쓰면서 먹고 사는 현재의 삶에 대해서 한 번도 후회를 해 보지 않았다. 다시 말해 최고의 만족을 누리며 살고 있다.

과거 대기업에 취직을 해서 11년 동안 살면서 엄청난 후회와 실망을 한 것과 비교하면, 작가로서의 삶에 어쩌면 가장 큰 만족을 하는 사람이 바로 나일 것이다.

하지만 나는 작가는 고독을 즐길 줄 알아야 하는 사람이라고 생각한다.

필자가 지금 책을 쓰는 작가가 될 수 있었던 것은 3년 동안의 절대 고독 속에서 그러한 삶을 즐길 수 있었기 때문이라고 생각한다.

그러한 창조적 고독, 능동적인 고독은 너무나 많은 것들을 사색의 세계로 몰아넣어 준다. 그래서 과거에는, 바쁘게 회사 생활을 할 때는 절대로 생각하지 못 하는 그런 사고의 세상으로 나를 이끌어 주고, 그런 세상에서 신나게 뛰어 놀면서 더 큰 세상을 살 수 있게 해 주었던 것이다.

싫든 좋든 작가는 세상과 어느 정도의 거리를 두어야 한다. 그래야 세상이 제대로 보이기 때문이다.

" 나는 작가다. 작가는 많은 시간을 홀로 글을 쓰는 데 보낸다. 또한 사회라는 틀 속에서 예술가로 살아가야 한다는 사실이 우리를 더욱 외롭게 만들기도 한다. 모두가 아침이면 일터로 향하거나 각자의 일을 하기 위해 분주하다. 예술가는 제도가 만들어 낸 사회의 바깥에서 살고 있다." < 나탈리 골드버그, [뼛속까지 내려가서 써라], 169쪽 >

작가는 세상이 보는 시선으로 평가할 때 외로운 사람들이다. 혼자 있어야 할 시간이 절대적으로 필요하기 때문이다. 글을 쓸 때는 완벽하게 혼자 여야 하기 때문이다. 작가이면서 혼자 있어야 할 필요성을 한 번도 느껴보지 못 한 사람이 과연 있을 까?

작가는 이 세상 속에서 살면서도 세상 밖에서 사는 것처럼 절대 고독 속으로 자신을 내몰아가야 한다. 그럴 때 더 크고 놀라운 세상을 경험할 수 있다. 그런 경험이 있어야 좋은 책도 쓸 수 있게 된다고 생각한다.

 필자가 좋아하는 것은 창조적 고독, 능동적 고독이다.

고독하게 자신을 만들지 않고서는 절대 좋은 사색, 깊은 사색, 깊은 성찰, 깊은 사고를 할 수 없기 때문이라고 필자는 생각한다.

 왜! 수많은 사람들이 뭔가를 하기 위해서는 세상과 단절하고 산 속으로 들어가거나 고시원에 들어가거나 골방에 틀어박혀 두문분출하면서 뭔가를 하는 이유가 무엇인지를 곰곰이 생각해 볼 필요가 있다.

 작가는 어떤 면에서 바로 이런 사람들이 되어야 한다. 주위 사람들과 하루 종일 어울리면서 이런 저런 얘기를 쏟아 내는 것은 결코 바람직하지 않다.

 스스로 고독을 즐기며 창조적 고독에 삶을 맡길 줄 아는 그런 사람이 되어야 할 것이다.

 다시 말해 작가는 세상에서 살고 있지만, 세상에서 살고 있는 사람들과 조금은 다른 부류의 인간이라고 할 수 있다. 세상에서 살고 있지만, 세상 밖에서 사는 사람이기 때문이다. 최소한 글을 쓰는 그 시간만큼은 그렇다고 할 수 있다.

 그렇기 때문에 작가가 화려한 직업이라고 생각해서는 안 된다. 작가는 화려하지도, 눈부시지도, 주목받지도 못하는 그러한 변방의 직업이라고 생각해야 한다.

 물론 1%의 작가들이 자신의 작가 생활 중에서 1%의 기간동안 세상의 주목을 받고, 화려하고 눈부신 시간을 보내기도 한다. 하지만 명심하라. 그것은 1%의 작가들의 삶이다. 그리고 1%의 작가들조차 작가 생활 중에 1%만 그런 시간을 보낸다는 것도 명심하라.

 한 마디로 작가는 외롭고 고독한 자기 자신과의 싸움을 처절하게 하면서 보내야 하는 그런 외로운 사람들이다.

- 모든 훌륭한 작가들의 초고는 조잡하다.

작가의 허상에 대해서 당신이 명심해야 할 한 가지 사항이 더 있다. 그것은 매우 중요한 사실이기도 하다. 모든 천재들과 모든 훌륭한 작가들의 첫 작품은 매우 조잡하고 형편없는 쓰레기 같은 것들이라는 사실이다.

다시 말해, 모든 훌륭한 작가들의 초고는 매우 조잡하기 이를 때 없다는 것이다. 즉 우리가 알고 있는 그 어떤 거장들도 매우 어설픈 초고를 작성한다는 것이다. 이것은 당신과 나나 우리와 다를 바 없다는 것이다.

이러한 황당한 사실은 우리가 알고 있는 천재들에 대한 허상과도 다르지 않다. 당신은 '음악의 신동'인 모차르트가 처음부터 세계적인 걸작을 마구 쏟아냈던 그런 진짜 천재라고 생각하는가?

물론 그는 어쨌든 세계적인 작품을 쏟아냈다. 하지만 그 때는 이미 그가 수 십 년 동안 수 백 곡 이상의 곡들을 작곡하면서 엄청난 연습과 훈련을 통해 자신을 성장시킨 후라는 사실을 알아야 한다.

이런 사실을 잘 알 수 있게 해 주는 것은 그의 작품 번호에 매겨진 작품 번호, 즉 쾨헬 번호를 통해 쉽게 알 수 있다. 그의 대표작품을 보면, 교향곡 제40번 g단조 K.550, 교향곡 제41번 C장조 〈주피터〉 K.551, 아이네 클라이네 나흐트 무지크 K.525, 레퀴엠 d단조 K.626, 피가로의 결혼 K.492, 마술피리 K.620, 돈 지오바니 K.527, 피아노 협주곡 제20번 d단조 K.466, 피아노 협주곡 제21번 C장조 K.467, 봄노래(봄을 기다림) F장조, K.596 등이 있는데 대부분 작품의 쾨헬 번호가 400에서 500 이후라는 사실을 알 수 있다.

 이 쾨헬 번호는 그가 작곡한 순서대로 번호가 붙는 것이다. 그러므로 이 번호는 그가 이미 400곡 이상의 곡을 작곡한 이후에 나온 곡들이 모두 위대한 작품이 되었다는 사실을 잘 말해 주고 있는 것이다.

 뿐만 아니라 이 사실 보다 더욱 더 그가 천재가 아니라는 사실을 말해주는 책도 있따. [우리 안의 천재성]이라는 책의 저자인 데이비드 솅크이다. 그는 모차르트의 초기 작품에 대해 한 마디로 평범했다고 말한다. 이렇게 말이다.

" 매우 어린 나이에 작곡을 시도한 것은 대단하지만 어린 아마데우스(모차르트)가 발표한 초기 작품들은 전혀 비범하지 않았다. 사실상, 그의 초기 작품은 단지 다른 유명 작곡가들의 모사에 불과했다. 11세부터 16세까지 작곡한 초기 일곱 개의 피아노 콘체르토 작품들은 "독창성이 거의 없고, 심지어 모차르트가 썼다고 하기도 민망하다."라고 템플 대학의 로버트 와이즈버그는 말했다. 본질적으로 모차르트는 피아노와 다른 악기로 연주하기 위해 다른 이들의 작품을 편곡한 것에 불과하다. "

< 데이비드 솅크, 《우리 안의 천재성》, 한국방송출판, p.89>

이것은 위대한 작가들의 경우에도 전혀 다르지 않는다. 어떤 위대한 문호는 초고를 작성하여 자신의 아내에게 보여 주었더니, 너무 형편없다고 한 마디로 평가했다는 것이다. 믿을 수 있겠는가? 하지만 그런 형편없는 초고가 다듬어지면서 위대한 작품으로 거듭나게 되는 것이다.

그래서 헤밍웨이의 '노인과 바다'는 무려 200번 이상이나 고쳐지고 다시 써졌던 것이다. 필자와 같은 생각을 하고 있는 다른 작가의 말을 들어 보자.

" 이제 짧은 글 한 편 쓰기보다 실질적으로 훨씬 더 효과적인 아이디어를 소개하겠다. 그것은 바로 '조잡한 초고' 라는 개념이다. 모든 훌륭한 작가들이 그런 초고를 쓴다. 이것은 그들이 훌륭한 두 번째 원고를 완성한 다음 완벽한 세 번째 원고를 쓸 수 있도록 이끄는 비결이다. 사람들은 성공한 작가들, 즉 책을 출판하는 일로 경제적인 안정을 얻은 작가들을 바라볼 때 그들이 매일 아침 백만장자처럼 느끼면서 자기 작업대에 앉아 있을 거라고 생각하는 경향이 있다. 그리고 자신감이 넘치며, 자신의 재능과 자기가 쓰게 될 위대한 이야기에 대해 자부심을 느낄 거라고 생각한다. 그들은 한두 번 심호흡을 한 다음, 옷소매를 걷어붙이고, 목 근육이 풀리도록 목을 몇 번 돌린 다음, 펜을 들자마자 법원의 속기사처럼 재빨리 완성된 형태의 단락을 타이핑할 것이라고 말이다. 그러나 이것은 미경험자의 환상일 뿐이다."

< 앤 라모트, [글쓰기 수업], 65

쪽 >

 자! 이제 알겠는가? 모든 천재들도 처음부터 천재가 아니었다. 그리고 모든 위대한 거장들과 위대한 문호들도, 심지어 현대의 훌륭한 작가들도 조잡한 원고를 쓴다는 것이다. 다만 그들이 작가 지망생들과 다른 이유는 한 가지이다.

 더 많이 쓰고 더 많이 노력하고 더 많이 다듬고 더 많이 읽어 보고, 더 많이 시간과 노력과 에너지를 투자한다는 것이다.

 자, 모든 훌륭한 작가들의 초고는 조잡하다. 그러므로 당신은 두려워할 것이 없다. 당신이나 훌륭한 작가들이나 매 한 가지이다. 다만 그 차이를 만드는 1%의 노력을 무시해서는 안 된다.

 올림픽의 메달 색깔을 결정짓는 것은 0.1 초면 충분하기 때문이다.

제 3 장. 작가는 인생을 두 번 살아가는 사람이다.

" 누구나 글을 쓸 수 있고, 누구나 작가가 될 수 있다."
< 로버타 진 브라이언트, [누구나 글을 잘 쓸 수 있다.], 15쪽 >

" 작가란 오늘 아침에 글을 쓴 사람이다."
< 로버타 진 브라이언트, [누구나 글을 잘 쓸 수 있다.], 58쪽 >

-작가는 인생을 두 번 살아가는 사람이다.

" 작가는 인생을 두 배로 살아가는 사람이다. 먼저 첫 번째 인생이 있다. 길에서 만나는 여느 사람들처럼, 건널목을 건너고 아침에 출근하기 위해 넥타이를 매는 그런 일상생활이다. 하지만 이들에게는 생활의 또 다른 부분이 있다. 모든 것을 다시 곱씹는 두 번째 인생이다. 이들은 글을 쓰기 위해 자리에 앉을 때마다 자신의 인생을 다시 들여다보고 그 모습을 면밀하게 음미한다. 삶을 이루

고 있는 재질과 세부 사항을 들여다본다." < 나탈리 골드버그, [뼛속까지 내려가서 써라], 91쪽 >

이 말처럼 작가는 인생을 두 번 살아가는 사람이다. 아니 세 번 혹은 네 번 살아가는 사람이 바로 작가이다. 모든 것을 다시 곱씹는 과정에서 위대한 작품이 탄생하기 때문이다.

[사기]라는 작품을 쓴 사마천은 진짜 인생을 두 번 살았던 사람일 것이다. 궁형을 당하기 전의 삶과 오직 집필에만 몰두하고 모든 희망과 삶의 기쁨이 사라진 궁형을 당한 후의 삶으로 나누어 질 것이다.

그는 나이 47살에 적에게 투항한 이능 장군을 홀로 변호하다가 미움을 받아 사형 선고를 받게 되었다. 그는 그 당시 사람이 당하는 모욕 가운데 가장 심한 형벌이라고 하는 부형(腐刑)이라 불리는 궁형을 당하게 되었던 것이다.

이 경우에 세 가지 선택을 할 수 있다. 돈이 많은 부자들은 돈 오십만 냥을 내고 감형을 받을 수 있고, 아니면 스스로 죽음을 선택해서 모욕을 덜 당하는 것이다. 이 당시에 궁형을 받은 사람들이 돈 오십만 냥을 낼 형편이 안 되면, 스스로 죽음을 선택하는 것이 일반적인 경우였다.

그것이 덜 치욕스러운 것이기 때문이다. 궁형을 당하는 것은 인간으로서 최대의 치욕이기 때문이다. 하지만 사마천은 돈 오십만 냥이 없었고, 그렇다고 쉽게 죽음을 선택할 수도 없었다. 그에게는 사명이 있었기 때문이다.

궁형을 당한 이 후 그는 더 이상의 예전의 사마천이 아니었다. 그는 자신의 고통과 아픔과 분노와 울분과 수치와 모욕을 온 몸으로 다 안고서 인간 군상들의 삶을 통찰하는 중국 최고의 역사서인 [사기]를 집필한 위대한 역사가가 되었던 것이다.

사마천은 궁형을 당한 이후의 삶에 대해서 구구절절 자신의 아픔과 수치와 모욕과 고통에 대해 토로하는 글을 쓴 후 친구에게 보낸 적이 있다. 그 구절을 보면 정말 인간은 두 번 혹은 세 번이라도 전혀 다른 삶을 살아갈 수 있는 존재라는 사실을 깨닫게 된다.

이렇게 두 번의 전혀 다른 인생을 살게 된 작가는 사마천 뿐만이 아니다. 서양에서 가장 많이 읽혔던 책인 [성서]라면, 두 번째로 많이 읽혔던 책이 있다. 바로 6세기경에 보에티우스가 집필했던 [철학의 위안]이란 책이다.

이 책은 자기계발서 분야에서뿐만 아니라 세계적인 거장들에게 많은 영감을 준 책이며, 오랫동안 많은 대중을 계몽시킨 위대한 책이 되었다. 이 책을 통해 영감을 받은 거장들은 단테와 초서, 아퀴나스 등 수없이 많다. 이 책은 지금까지 나온 책 중에서 행복의 본질에 대한 가장 심오한 책이라고 필자는 평가 하고 싶다.

이 책을 집필한 보에티우스는 전혀 다른 인생을 만났고, 짧은 두 번째 인생, 즉 전혀 다른 인생을 통해서 이 책을 집필했다. 그의 삶에 대해 간략하게 설명해 보겠다.

보에티우스(Boethius)는 로마의 귀족 가문에서 태어나, 문학, 철학, 산술학, 기하학, 음악, 천문학 등 다방면의 공부를 한 인물이며, 그 당시 상당한 특권층의 인물이었다. 그는 정치가이면서 철학자이면서 신학자였다.

한 마디로 좋은 집안에서 태어나 엘리트 교육을 받았고 젊은 나이에 일찍 부와 명예와 성공을 이룩한 그런 인물이었다.

로마의 최고 교육을 받은 그는 20대 후반의 젊은 나이에 집정관에 임명되기 까지 했다. 그리고 그는 로마 원로원과 사회의 중심인물이었을 뿐만 아니라 존경받는 학자였다.

로마제국이 기독교국 시대로 접어들었지만, 보에티우스는 그대로 자신의 사회적 지위를 그대로 유지할 수 있었고, 최고 행정사법관이 되기도 하였다. 즉 그의 삶은 너무나 화려하기 까지 하다.

하지만 그는 지금까지 살아왔던 눈부시고 화려했던 그런 삶과 전혀 다른 짧지만 다른 인생을 감방에서 살게 되는 운명을 맞이하게 되었던 것이다. 로마제국의 급변하는 회오리 속에서, 왕실의 음모로 반역죄를 뒤집어썼고, 결국 그는 사형 선고를 받게 되어, 사형수가 되어 세상의 모든 것을 잃고 홀로 감옥에서 사형 집행만을 기다리며 살아가야 하는 어처구니 없는 제 2의 인생을 살아가야 했던 것이다.

 좋은 집안과 좋은 교육, 그리고 좋은 권력, 좋은 평판까지 받은 그는 그야말로 모든 것을 누리던 사람이었으나, 하루아침에 그의 삶은 자신의 실수가 아닌, 타인의 음모로 인해, 완전히 몰락하게 되었다.

 하루아침에 타인의 음모에 의해서 천국에서 지옥으로, 최고의 삶에서 최악의 밑바닥 삶을 살게 된 그는 죽음에 대한 두려움과 삶에 대한 절망과 세상에 대한 분노로 가득 찬 독방의 사형수 보에티우스가 되어 전혀 다른 또 다른 인생을 살아가게 되었던 것이다.

 이런 제 2의 인생을 살게 되면서 그는 위대한 책을 집필하는 작가로 변신하게 되었던 것이다.

 생각해보라. 누구보다 더 화려한 삶을 살았던 최고의 가문, 최고의 교육, 최고의 직위, 최고의 부를 누렸던 사람이 하루아침에 모든 것을 잃고 그것도 사형수가 되어 죽을 날만 기다리며 자유도 빼앗긴 채 감옥에 갇혀 영원히 그 감옥을 살아서 나올 수 없게 되는 그런 최악의 인생을 살게 되는 그런 상황을 말이다.

 그럴 때 보에티우스는 누구보다도 더 간절히 자신의 인생을 곱씹어 보았을 것이다. 그리고 그렇게 깊은 성찰과 사색을 통해 그는 최고의 작가로 자신이 거듭나고 있음을 깨닫게 되었을 것이다.

 사마천이나 보에티우스와 같이 극적으로 제 2 의 인생을 살아가게 되는 사람들은 많지 않다.
그렇기 때문에 당신은 스스로 능동적으로 제 2의 인생을 살아가기 위해 노력해야 하고 무엇인가에 도전해야 한다.

 구본형 작가나 공병호 작가들은 모두 제 2의 인생을 살아가고 있다. 그들이 작가로서 수많은 책을 집필하고 책을 출간하며 살아갈 수 있었던 단 한 가지 이유는 평범한 직장인의 삶에서 뛰어내렸기 때문이다.

 그들은 모두 제 2의 인생을 용감하게 선택했고, 그로 인해 자신의 인생을 천천히 깊게 곱씨어 보면서 작가로서의 삶인 제 2의 인생을 살아갈 수 있게 되었던 것이다.

작가는 반드시 제2의 인생을 살아야 한다. 이전에 했던 직업을 그대로 가지고 있고, 그 일을 하는 사람이더라도 글을 쓰는 순간은 또 다른 인생, 또 다른 세계에서 살아가야 한다. 그것이 바로 작가의 숨겨진 비밀인 것이다.

작가는 이 시대 최고의 퍼스널 브랜딩이다.

퍼스널 브랜딩을 아는가? 특히 21세기와 같은 무한경쟁의 시대에 당신의 경쟁력은 무엇인가?

'마케팅의 아버지'라 불리는 세계적인 마케팅의 대가인 필립 코틀러는 자신의 저서를 통해 퍼스널 브랜드를 구축하는 것이 무엇보다 중요하다는 사실에 대해 명확한 설명을 해 놓았다.

" 사람들은 저마다 성향이 다르고, 개인의 브랜드화를 의식하든 않든 간에 개인이 속한 사회적, 직업적 집단 내에서 각자 자신의 이미지를 형성한다. 반면에 퍼스널 브랜드를 의식적으로 구축하는 사람들이 갈수록 늘고 있다. 영업사원들은 연봉을 올리고 조직 내에서 인정받기 위해 교수들은 전문 이론을 개발하여 유명세를 얻고 기업에 자문해주어 고소득을 올리기 위해, 가수들은 참신한 패션과 스타일을 갖춤으로써 수많은 경쟁자들 틈에서 돋보이고자 각자 자신만의 퍼스널 브랜드를 구축한다. 차별화된 브랜드 구축에 성공한 이들은 대중의 머릿속에 깊이 인식되어 시장에서 장기간 우위를 점하는데 성공한다. 그리고 분명히 그 이름값에 상응하는 물질적 혜택도 얻는다." < 필립 코틀러, [퍼스널 마케팅], 29쪽 >

 이러한 경향은 일반인에게도 그대로 적용이 된다. 타인의 관심을 끌 수 있는 독특한 스토리나 아이디어가 담긴 책을 쓴 저자가 되면, 퍼스널 브랜드를 구축하기 시작하게 된다.

 조금씩 독자들이 알게 되고, 회자 되게 된다. 조금씩 언론에도 노출이 되고, 그로 인해 하나의 브랜드가 생겨나게 되는 것이다.

 공병호, 구본형, 이런 이름들이 그런 경우의 대표적인 경우라고 할 수 있다. 이 두 사람 모두 평범한 직장 생활을 했던 직장인들이었다는 사실을 명심하라. 이들은 40

대가 되어 글을 쓰기 시작했고, 자신의 이름으로 된 책을 세상에 내 놓으면서 퍼스널 브랜드를 구축하기 시작했다는 것이다.

그래서 지금의 그들이 존재할 수 있게 되었던 것이다. 책이 마법을 부린 것이 아니라 책이 퍼스널 브랜딩을 구출할 수 있는 상황을 만들어 주었던 것이다.

' 앞으로 개인의 브랜드가 점점 중요해지게 되면 자신의 이름으로 자신의 경험을 포장하여 책을 내는 것처럼 효과 있는 일도 드물 것이다.' 라고 공병호 소장은 [핵심만 골라 읽는 실용독서의 기술]이란 책에서 말했던 적이 있다.

이 말처럼 공병호 소장은 효과적으로 자신의 경험을 잘 포장하여 책으로 출간했고, 그 후로도 다양한 책들을 쏟아냄으로써 확고한 퍼스널 브랜딩을 구축한 대한민국 대표 1인 기업가가 될 수 있었다.

방송 PD 들의 능력은 얼마나 유능한 게스트를 초청하느냐에 따라 크게 나눠질 수 있다고 한다. 그런데 그들은 게스트 섭외를 할 때 해외유명대학의 박사학위와 같은 허울보다는 현재 의 당신을 말해 줄 수 있는 당신의 이름으로 낸 책 한권을 더 중요하게 여긴다고 한다.

또한 그 분야를 함께 전공하여 비슷한 분야의 박사학위를 가진 사람들은 사실상 너무 많다. 그래서 누가 얼마나 실력을 가지고 있는 지는 제대로 평가할 방법이 없다. 그 때 가장 쉬우면서도 정확한 방법은 그 분야에 관한 책을 출간한 경험이 있는 사람을 선택하는 방법이다.

특히 그 책이 대중들에게 큰 호감을 얻고 좋은 반응을 얻었다면 이것은 거의 100% 작가의 실력을 확신할 수 있다. 대중들은 생각보다 정확하고 영리하기 때문이다.

명심하자. 최고의 퍼스널 브랜딩은 자기 이름으로 된 책 한 권을 출간하는 것이다. 물론 책의 내용이나 질이 어느 정도 이상이어야 효과가 있다는 사실도 함께 명심해 주기를 바란다.

- 글쓰기는 글쓰기를 통해서만 배울 수 있다.

나탈리 골드버그는 자신의 책 [뼛속까지 내려가서 써라]를 통해서 글쓰기를 배운답시고 글쓰기 학원을 다니고, 문학 강의를 듣고, 대가들을 만나러 다니는 것에 대해 찬성하지 않았다.

"만약 장편을 쓰고 싶다면 장편을 써라. 쓰고 싶은 글이 에세이거나 단편이라면, 그렇게 쓰면 된다. 장르에 상관없이 원하는 글을 써 보는 과정에서 그 장르가 가지는 특성을 배우게 된다. 당신은 점점 자기만의 기술과 기법을 만들어가고 있다는 확신을 가지게 될 것이다.

하지만 바람직하지 않은 정신 자세로 글쓰기를 시작하는 사람들이 많다. 글쓰기를 배운답시고 쓸데없이 대가들과 문학 강의를 좇아 철새처럼 옮겨 다니는 사람들이다. 하지만 진실은 아주 간단하다. 글쓰기는 글쓰기를 통해서만 배울 수 있다는 사실이다. 자신의 바깥에서는 어떤 배움의 길도 없다. 당신이 훌륭한 대가를 열 사람이나 만난다 하더라도 그것으로는 글쓰기를 배우지 못한다.

"   < 나탈리 골드버그, [뼛속까지 내려가서 써라], 63 ~ 64쪽 >

작가가 되고자 하는 작가 지망생들에게 꼭 해 주고 싶은 말들이 너무나 많다. 하지만 그 중에서도 가장 해 주고 싶은 말은 바로 이 말이다.

트위터나 페이스북을 통해 필자의 책을 읽고 자신도 작가가 되겠다고 하는 사람들이 종종 있다. 그런데 그런 사람들은 이상하게도 자꾸 필자를 꼭 만나보고 싶다는 것이다. 5분이나 10분도 좋으니, 꼭 한 번 만나서 얘기를 나누어 보고 싶다는 것이다.

물론 누군가를 직접 만나서 얘기를 나누면 더 많은 것을 배울 수도 있고, 알 수도 있게 된다. 하지만 꼭 직접 만나야 뭔가가 되는 것은 절대 아니다.

물론 스티브잡스도 "내 모든 기술을 바꿔 소크라테스와 오후를 함께 보내고 싶다" (2001년 뉴스위크) 이런 말을 한 적이 있다. 그리고 진시황도 한비자의 책을 읽고 한비자를 만나고 싶어 했다.

이렇게 누군가를 직접 만나서 교류를 갖는 것이 절대 나쁜 것은 아니다. 하지만 결과적으로 보면 시간과 노력과 에너지를 낭비하는 것이 아닌가하는 생각이 든다.

 그 시간과 노력과 에너지를 글쓰기에 더 집중하는 것이 무엇보다 더 중요하다는 필자는 생각하기 때문이다.

 세상은 정직하고 공평하고 정확하다. 당신이 훌륭한 작가가 되고 싶다면 삶을 단순하게 만들어야 한다. 당신이 훌륭한 작가의 삶을 살 수 있는 지 아닌지? 그것을 결정짓는 것은 당신의 인맥이 얼마나 화려한 것인지 아닌지가 아니다.

 당신이 얼마나 훌륭한 작가인지를 결정짓는 것은 당신이 얼마나 글쓰기에 많은 시간을 투자하고, 다른 것들에 곁눈질도 하지 않는 가 하는 것이다.

 글쓰기는 글쓰기를 통해서만 발전할 수 있기 때문이다. 글쓰기는 글쓰기를 통해서만 배울 수 있는 유일한 것이다. 그리고 그것만이 유일한 방법이다. 다시 말해서, 글쓰기를 배우기 위해서 글쓰기 강좌에 가는 것, 작가들을 만나서 조언을 받는 것, 글쓰기를 위해서 학교에 입학하는 것 등은 모두 최선이 아니라 차선이라는 것이다.

글쓰기를 배우는 최선은 글을 쓰는 것이다. 그것이 혼자서 힘들 때 차선책을 강구하고 차선의 방법을 선택해야 한다. 최선책을 시도도 하지 않고, 노력도 하지 않고, 처음부터 차선책을 선택하는 것은 어리석은 짓이다.

- 글쓰기에 대한 부담을 버려라.

' 무조건 쓰라. 기를 꺾는 내면의, 혹은 외부의 어떤 말도 무시하라. 끈질기면 항상 얻는 게 있다.' < 로버타 진 브라이언트, [누구나 글을 잘 쓸 수 있다], 138쪽 >

로버타 진 브라이언트는 필자와 매우 통하는 면이 많은 작가인 것 같다. 이런 작가의 책을 읽으면 너무나 기분이 좋아진다. 마치 자기 자신의 마음을 이해해 주는 그런 자신과 비슷한 생각, 비슷한 형편, 비슷한 경험을 가진 이를 만난 것 같고, 오랜 친구를 만난 것 같기 때문이다.

글쓰기를 원하고, 작가가 되고자 하는 작가 지망생들에게 꼭 해 주고 싶은 말은 무조건 쓰라는 것이다.

제발 무조건 쓰라. 작가는 거창한 그 어떤 것도, 위대한 영웅들만 하는 것도, 천재들만 해야 하는 것도 아닌, 사실은 아무것도 아니다.

 작가는 그저 글을 쓰는 사람일 뿐이다. 천재도, 영웅도, 석학도, 박사도 아니다. 그저 글을 쓰는 사람이 작가인 것이다. 작가가 되기 위해 그 어떤 학벌도, 그 어떤 자격도 필요 없다.

뿐만 아니라 당신이 쓴 글에 대해서 누가 점수를 매기는 것도 아니다. 점수를 매긴다고 해도 그 점수가 당신의 모든 것을 대변할 수는 없다. 그리고 그 점수는 누군가에 의해 매겨진 것이므로 그 점수가 그 글에 대한 정확한 평가일수도 없다.

 더 중요한 사실은 최악의 점수를 받는 다 해도 글을 쓴 것 만해도 당신은 성공이다. 왜냐하면 당신의 글은 차츰차츰 하루하루 향상될 것이 분명하기 때문이다.

더 중요한 사실은 세계적인 거장들의 초창기 때 글은 당신의 글보다 더 형편없다는 사실을 알아야 한다. 그리고 처음에는 형편없던 사람들이 하루가 다르게 성장해 가는 것보다 더 아름다운 것이 이 세상에 또 있을 까?

 그러므로 당신이 해야 할 가장 첫 번째 일은 글쓰기에 대해 부담을 떨쳐 버리는 것이다. 글쓰기에 대해서 부담을 가지지 않는 방법 중에 하나를 소개 해 주겠다.

 첫 번째 방법은 글쓰기에 미치는 방법이다. 글쓰기에 미치게 되면 부담감을 가질 여유도, 기회도, 감정도 허락되지 않는 다. 그저 미칠 뿐이기 때문이다. 그리고 이런 사람들이 위대한 예술가가 되고, 거장이 되는 경우가 많다. 그리고 그 이유는 미칠 때 무엇인가를 이룰 수 있는 초능력을 발휘하기 때문이다.

 두 번째 방법은 글쓰기를 어린아이가 놀이터에서 노는 것과 같은 놀이라고 생각해 보는 것이다. 글쓰기를 하나의 게임처럼 하게 되면 부담감을 느끼기 보다는 스릴을 느끼게 되기 때문이다.

 전자오락 게임을 하면서 부담감 때문에 게임을 포기하

는 사람은 한 명도 없다. 당신도 글쓰기를 게임처럼, 놀이처럼 즐기고 그렇게 생각하면 글쓰기의 부담감을 없앨 수 있게 될 것이다.

 필자의 경우는 글쓰기에 대한 부담감을 버리기 위해 이런 방법들을 쓰지는 않았다. 이상하게 들릴지도 모르지만 필자는 글쓰기에 대한 부담감을 느낄 겨를도 없이 그저 글쓰기의 매력에 빠져서, 글쓰기에 미친 사람이다.

 그래서 저자 소개에도 보면 어떤 책에는 글 쓰는 것이 마치 어린 아이가 놀이터에서 노는 것과 같다는 말을 한 적이 있는데 정말 그렇다고 할 수 있을 정도로 필자는 글쓰기는 놀이처럼, 게임처럼 생각한다.

 그리고 그렇게 생각하고자 해서 그렇게 생각하는 것이 아니라 실제로 게임을 하듯, 식사도 건너뛰고, 화장실 가는 것도 힘겹게(?) 참으며 글을 신들린 것처럼 쓰고 또 쓴다.

 그래서 필자가 글을 쓰는 것을 본 사람들은 모두 이런 말을 하기도 한다.

'마치 신들린 사람처럼 보인다.'
'신들린 사람 같다.'

그래서 이것이 필자의 별명이 되어 버리기도 했다. 명심하라. 어린아이들은 놀이터에서 놀기 전에 놀이에 대한 부담감을 느끼지 않는 다. 그저 즐기고 재미있게 놀 뿐이다. 글쓰기도 그렇게 할 수 있는 것이 되어야 한다.

-당신이 즐겨야 독자들도 즐겁다.

몽상가는 꿈을 꾸고 작가는 글을 쓴다.

"몽상가는 꿈을 꾸고 작가는 글을 쓴다. 글쓰기를 꿈꾸는 것은 글을 쓰는 게 아니다. 글쓰기를 생각하는 것도 글을 쓰는 것이 아니다. 멋진 스토리 아이디어를 떠올리고 흥분하거나, 머릿속으로 책을 몇 권씩 구상하거나, 글쓰기에 대한 무수한 책을 읽는 것, 그 어떤 것도 글쓰기 행위가 아니다.

최초의 한 문장을 쓰고, 또 한 문장을 보태는 것, 혹은 그저 최초의 낱말 하나를 쓰고, 새로 낱말을 하나 더 보태는 것, 이것이 바로 글쓰기이다. " < 로버타 진 브라이언트, [누구나 글을 잘 쓸 수 있다], 27쪽 >

 20년 동안 수천 명의 작가 지망생은 물론이고, 한계에 부딪친 작가까지 가르쳐온 작가 로버타 진 브라이언트는 자신의 저서인 [누구나 글을 잘 쓸 수 있다]란 책을 통해 자신의 책의 제목처럼 '누구나 작가가 될 수 있다'고 주장하고 있다.

 그가 말하는 글쓰기 제 1 법칙은 한 마디로 '글을 쓰는 것'이다. 즉 글쓰는 것을 행동으로 보여주는 것이다. 생각하는 것이나 아이디어를 떠올리는 것은 물론이고 책을 구상하거나 책을 읽는 것은 그 어떤 것도 글쓰기 행위가 아니라고 말한다.

 한 마디로 글쓰기는 글쓰기를 통해서만 이루어지는 것이고, 향상될 수 있다는 것이 그의 지론인 것이다.

 그렇다. 한 마디로 글쓰기는 행동이다. 작가는 단지 글을 쓰는 사람일 뿐이다. 좀 더 열정적으로 쓰고, 좀 더 많이 쓰고, 좀 더 재미있게 쓰고, 좀 더 정직하게 쓰는 사람일 뿐이다.

 몽상가는 절대 작가가 아니다. 하지만 작가는 몽상가일 수 있다. 하지만 그 차이는 명확하다. 몽상가는 꿈만 꾼다는 것이고, 작가는 꿈도 꿀 수 있지만, 무엇보다 글을 쓴다는 것이다.

 이것이 작가와 몽상가의 차이인 것이다.

 작가가 되고자 하는 작가 지망생들은 반드시 몽상가만 되어서는 안 된다. 오히려 몽상가가 되는 과정을 생략할 수도 있다. 물론 몽상가이면서 작가가 되는 것은 가능하지만, 몽상가가 아니더라도 작가가 되는 것 또한 가능하다.

 몽상만 하다가 아까운 시간을 다 허비하는 그런 과오를 범해서는 안 될 것이다. 작가 지망생들 중에 어떤 사람들은 수 십 년 동안을 작가가 되고자 하는 꿈을 가지고 있음에도 단 한 번도 제대로 글을 쓰는 연습을 본격적으로 하지 않은 사람들도 있다.

이것은 매우 매우 잘못된 방법이다. 가장 좋은 방법은 지금 당장 글을 쓰는 것이다. 그리고 그것도 매일 쓰는 것이다. 작가의 본질은 글을 쓰는 사람이고, 남들보다 많이 쓰는 사람이고, 매일 글을 쓰는 사람일 뿐이다.

명심하라. 절대 봉상가만 되어서는 안 된다. 봉상가는 누구나 될 수 있다. 그리고 작가가 되겠다는 꿈을 꾸는 것도 누구나 쉽게 할 수 있다. 하지만 작가가 되기 위해 글을 직접 쓰는 사람은 누구나 할 수 없다. 바로 이것이 실제로 작가가 되는 사람이 그토록 적은 이유인 것이다.

작가가 되고 싶다면 지금 당장, 무조건, 매일, 포기하지 않고 글을 쓰라. 그것 뿐이다. 그런 점에서 대부분의 글쓰기 책은 헛소리로만 가득차다는 스티븐 킹의 말에 절대적으로 동감한다. 하지만 글쓰기 책의 단 한 가지 유익한 점도 쉽게 찾아 볼 수 있다는 것도 명심해야 한다.

대부분의 글쓰기 책들은 다행스럽게도 '반드시 글을 쓰는 것을 통하지 않고서는 글을 쓰는 작가가 될 수 없다'는 사실에 대해 명백하게 알려 준다는 점이다.

- 열정적으로 글을 써야 한다.

 필자는 처음 글을 쓸 때 몇 년 동안은 신들린 사람처럼 너무도 뜨겁게 글을 썼다. 그래서 글을 쓰는 사람이 여유를 부리며, 느긋하게 커피를 마시면서, 글을 쓰는 모습을 도저히 상상할 수 없다.

 글을 쓰는 작가라면 모름지기 신들린 사람처럼, 신명나게, 뜨겁게, 열정을 가지고 글을 쓰는 것인 줄 알았다. 왜냐하면 처음 글을 쓰기 시작했던 몇 년 동안은 그렇게 글을 썼기 때문이다.

 하지만 지금도 여전히 이런 모습은 달라지지 않았다. 지금 생각해도 글쓰기는 반드시 뜨거운 가슴으로 쓰는 것이지, 차가운 이성적인 머리로 쓰는 것이 절대 아니라는 사실에 대해서는 변함이 없다.

 로버타 진 브라이언트는 자신의 저서를 통해 글쓰기 제2법칙을 밝혔다.

" 글쓰기 제2법칙.

열정적으로 쓰라. 차분한 사람이라도 좋아하는 일은 열정적으로 추구하게 마련이다. 열정에는 창조성이 뒤따른다.

 초고가 열정에 휩싸여 씌어진 게 아니라면, 신명으로 지펴진 게 아니라면, 그래서 활기를 띠고 있지 않다면, 그 글은 기초가 취약한 건물과 같다. 그런 글은 고쳐 쓰는 과정이 여간 힘겹지 않을 것이다. "   < 로버타 진 브라이언트, [누구나 글을 잘 쓸 수 있다], 82쪽 >

 한 마디로 열정적으로, 뜨거운 가슴으로 글을 쓰라는 것이다.

 제발 부탁을 하고 싶은 마음은 없지만, 열심히 한다는 것은 열정적으로 무엇인가를 한다는 것과 매우 비슷한 것이라는 사실을 명심해야 한다.

 반대로 한심하다는 것은 마음이 차갑다는 것이고, 결국 뜨겁지 않다는 것, 열정이 식었다는 것을 의미한다. 열심은 마음이 뜨겁다는 것이고, 결국 열정이 있다는 것이다.

글을 쓸 때 열심히 쓰는 사람일수록 열정적인 사람인 이유가 바로 이런 이유에서이다. 열정적으로 글을 써야 하는 이유 중에 하나는 자신의 글에 열정적이지 않으면 절대로 매일, 언제나, 어디서나 글을 쓰지 않기 때문이다.

즉 열정적인 사람은 언제나 어디서나 멈추지 않고 계속해서 글을 쓴다는 것이다. 결국 훌륭한 작가가 되는 길은 열정적으로 글을 쓰는 길 밖에 없음을 알아야 한다.

작가가 되고자 하는 작가 지망생들은 반드시 열정적인 작가가 되어야 한다. 이 세상의 모든 분야에서도 열정이 아니고서 무엇인가를 이루어낸 사람은 찾아보기 힘들 정도로 존재하지 않는 다는 것을 필자는 확신한다.

 수천 도나 되는 뜨거운 온도에는 그 어떤 단단한 물건이더라도 다 녹게 되듯, 뜨거운 열정을 가진 사람은 자신의 앞에 놓인 수많은 장애물과 시련과 역경과 두려움과 불안을 모두 녹일 수 있다. 그러한 것들을 모두 녹여 버릴 수 있는 뜨거운 열정을 가진 자들은 그 어떤 것도 두려워하지 않을 수 있는 것이 바로 이 때문이다.

" 인간의 모든 행위는 이 일곱 가지 원인들 중 한 가지 이상에 의해 행해진다.

: 기회, 본능, 강요, 습관, 이성, 열정, 욕구 "

고대 철학자 아리스토텔레스의 이 말을 토대로 해서 글 쓰는 작가의 행동의 원인이 될 수 있는 것은 본능, 습관, 열정, 욕구 로 간추려 질 것 같다. 그 중에서 습관은 글을 쓰는 것이 삶의 전부가 되어 버린 작가들이 될 것이다. 작가 지망생들에게 글을 쓰게 하는 것은 결국 열정이나 욕구 때문이라고 할 수 있다.

당신에게는 어떤 것이 있는가? 열정은 당신을 움직이게 하고, 글을 쓰게 하고, 무엇보다 그것을 이루어 내게 해 준다.

" 우리는 세계의 어떤 것들도 열정 없이 이루어진 것은 없다고 단언할 수 있다."

위대한 철학자 헤겔의 이 말은 열정이 얼마나 중요한 것인지를 알 수 있게 해 주는 말이다. 과거에는 지식 정보화 시대였지만, 이제는 감성과 창조의 시대, 이미지와 스토리의 시대라고 할 수 있다. 그런 점에서 열정은 더욱 더 중요한 작가의 기본 요소가 될 수 있을 것이다.

위대한 리더는 결국 타인의 열정에 불을 지필 수 있는 사람이며, 그것은 바로 감성의 리더십이라고 할 수 있다. 감성 지수를 창안해 낸 다니엘 골먼은 자신의 저서인 [감성의 리더십]이란 책을 통해 이러한 사실에 대해 다음과 같이 말한 적이 있다.

" 위대한 리더 앞에서 우리의 마음은 쉽게 움직인다. 그들은 우리의 열정에 불을 붙이고 우리가 가지고 있는 최고의 것을 끄집어낸다. 그 거역할 수 없는 힘의 근원을 설명하라고 하면 대부분의 사람들은 전략이니 비전이니 굳건한 사상이니 하는 것을 들먹이겠지만 그 힘의 실체는 보다 깊은 데 있다. 위대한 리더는 그의 '감성'을 통해 지도력을 행사한다." < 21쪽, [감성의 리더십], 다니엘 골먼 외 >

위대한 작가란 이와 다르지 않다. 위대한 작가란 자신의 내면에 숨어있는 열정에 불을 붙일 수 있는 작가이다. 그래서 자신이 가지고 있는 최고의 것을 끄집어 낼 수 있는 사람이어야 한다.

 역사상 두 번이나 노벨상을 받은 사람은 흔하지 않다. 노벨상을 한 번 받는다는 것도 평생 한 번 있을까 말까 한 엄청난 일일 것이다. 그런데 두 번이나 노벨상을 받은 물리화학자인 라이너스 폴링(Linus Pauling)은 과연 어떻게 해서 그렇게 엄청난 일을 두 번이나 해 낼 수 있었을까?

 그의 재능이 남들보다 두세 배나 높았던 것일까? 아니면 남들보다 더 열심히 일을 두세 배나 더 했기 때문일까?

 그는 남들보다 두 세배 더 뜨거운 열정을 가지고 있었기 때문이다. 그는 화학결합의 본질을 밝힌 업적으로 노벨화학상을 탔고, 핵실험 금지 운동을 포함하여 평화 운동으로 노벨평화상을 탔다. 그리고 그가 이렇게 할 수 있었던 것은 남들보다 더 뜨거운 열정을 가지고 있었기 때문이다.

 " 무슨 일을 하며 살아가지? 나는 이런 걱정을 한 적이 없다. 그저 하고 싶은 일을 하면서 무작정 밀고 나갔을 뿐이다."

위대한 인물 중에 열정이 없었던 사람은 찾아보기 힘들 것이다. 또한 마찬가지로 위대한 작가란 자신의 감성, 자신의 열정으로 글을 쓰는 사람이라고 말 할 수 있을 것이다.

- 작가가 되는 확실하고 유일한 길.

" 작가가 될 수 있는 가장 확실하고 유일한 길은 '무조건 글을 써야 한다는 것'이다, 이것을 제외하고 그 어떤 것을 하더라도 당신은 이것을 하지 않으면 작가가 될 수 없다. "

" 진정한 작가란 글을 쓰고 있지 않을 때는 살아있다는 느낌을 느끼지 못 하는 것이 작가라고 나는 생각한다."

그러므로 글을 쓰는 것이 인생의 전부가 되어야 한다. 그런 사람은 평생 단 한 순간도 글을 쓰고 있지 않은 순간이 없는 사람이다. 이런 사람이 진정한 작가인 것이다.

아무런 대가도 바라지 않고, 그저 글을 쓰는 것에 완전하게 매료되어 글을 쓸 수 있는 사람, 그것도 평생 글을 쓸 수 있는 사람이 바로 작가인 것이다.

한 가지 장담할 수 있는 것은 글을 쓰는 것을 포기하지 않고 매일 일정한 분량의 글을 쓰고 또 쓰는 사람은 반드시 작가가 될 수 있다는 것이다.

당신이 작가가 되고 싶다면 반드시 멈추지 않고 해야 할 것이 글을 쓰는 행동이다.

당신이 무엇인가가 되고자 한다면 그것이 될 수 있는 가장 좋은 행동을 선택한 후 그 행동을 끊임없이 반복하는 것이다.

행동의 중요성을 강조한 이들은 적지 않다.

프랑스의 철학자 사르트는 '인간은 행동에 의해서 자기 자신을 만들어간다.' 라고 말했다. 독일의 시인 요한 볼프강 폰 괴테는 ' 아는 것만으로는 부족하니 실천이 따라야 한다. 원하는 것만으로는 부족하니 행동이 따라야 한다.'라고 말했다.

작가가 되는 길, 작가가 되는 방법을 아는 것만으로는 부족하다. 행동을 해야 한다. 작가가 되고자 원하는 것만으로도 부족하다. 행동이 따라 주어야 한다.

위대한 작가는 결코 하루아침에 만들어 지는 것이 아니다. 오랜 인고의 세월을 견뎌내야 한다. 오랜 인고의 세월을 견뎌 낸다는 것은 결국 포기하지 않고 행동한다는 것이다.

행동을 멈춘다는 것이 바로 포기하는 것이기 때문이다. 어느 분야에서든 이러한 원리는 동일하다고 할 수 있다.

작가가 되고자 하는 많은 작가 지망생들이 결국에는 작가가 되지 못 한 채 인생의 대부분을 낭비하고, 꿈을 이루지 못 하게 되는 가장 큰 이유는 '좋은 글을 쓰지 못 할 것이라는 두려움' 때문이다.

너무나 많은 우수한 자질의 작가 지망생들이 자신은 좋은 글을 쓰지 못 할 것이라는 그런 걱정과 두려움으로 인해 시작도 해 보지 못 하고 포기하거나, 힘겨운 시작을 했음에도 한 두 번의 실패에 영원히 포기해 버리는 경우가 적지 않다.

 우리가 글 쓰기라는 행동을 하지 못 하게 하는 것은 결국 두려움이다. 실패할 까봐, 자신의 글에 너무 심한 혹평을 세상과 타인이 할 까 봐, 자신의 부족한 글쓰기 실력이 탄로 날까봐 두려워서 글쓰는 행동을 많이 자주 하지 못 한다. 그런데 그렇게 행동을 적게 하기 때무에 결국 경험을 통해서 배우는 것 또한 너무 작게 된다.

 배우는 것이 작게 되므로 발전과 성장이 부족하게 되고, 결국 매일 용감하게 글을 쓰고 또 쓰는 사람들보다 못 한 상태로 머물게 되는 것이다. 당신보다 더 못 했던 사람들이 용감하게 실패를 무릅쓰고 두려움을 극복해 내고 글을 씀으로써 당신의 수준을 쉽게 너무나 빨리 추월해 버렸던 것이다.

 천부적인 재능을 타고난 사람들조차도 매일 글을 쓰는 용감한(?) 평범한 능력의 사람들이 몇 년 안에 추월해 버린다는 사실을 알고 있는가? 심지어 아무리 천부적인 재능을 가지고 있다고 해도 그것을 발견하지 못 하고 시도도 하지 못 한 사람들은 과연 어떻게 될까?

 아무것도 가진 것이 없었던 평범한 사람들이 얼마나 많이 스스로의 노력만으로 자신의 길을 개척하고 자신을 거장으로 명품으로 만들어 나갔는지를 알게 되면 놀라지 않을 수 없을 것이다.

 그런데 그렇게 할 수 있었던 단 한 가지 비결은 도전하고 행동하고 실패하고 경험으로부터 남들보다 더 많은 것들을 매일 끊임없이 배워나갔기 때문이었던 것이다. 이런 점에서 무조건 글을 쓰는 것, 무조건 행동 하는 것, 즉 'just do it'이 최고의 성공 비결이 아닐 수 없을 것이다.

 경영이나 전략, 미래 예측, 경제 분석과 같은 일을 할 때에는 무조건 행동하는 것, 무조건 도전하는 것이 결코 최고의 방법은 아니다. 이러한 것들은 충분한 공부와 실력을 쌓은 후에 하는 것이 최고의 방법이다.

 그래서 경영학이나 미래 전략학과나 통계학과나 경제학

과가 대학교에 있는 것이다. 배울 수 있는 과목이고 배우는 것이 배우지 않는 사람과 큰 격차를 만들어 내는 그런 분야이기 때문이다.

 하지만 글쓰기 학과는 대학교에 없다. 그것은 글쓰기란 배워서 되는 것이 아니라, 행동을 통해서 향상시켜 나가야 하는 그런 것이기 때문이다.

 - 글쓰기를 즐길 수 있어야 한다.

" 유태교 전통에는 소년이 처음으로 토라(유대교의 율법서)의 맨 첫 자를 읽으면 꿀이나 단 음식을 선물하는 풍습이 있다. 공부를 하면 단 음식을 먹게 될 거라는 자연스러운 연결고리를 만드는 학습 유도 방법이다. 글쓰기도 당연히 이래야 한다. 처음 글쓰기를 시작할 때부터 글쓰기는 좋은 것이며 즐거운 일이라는 사실을 알게 해주어야 한다. 글쓰기를 적이 아니라 친구로 만드는 것이다."   < 나탈리 골드버그, [뼛속까지 내려가서 써라], 176쪽 >

 지금까지 많은 작가들을 보면 창작의 고통에 대해서 너

무나 많은 이야기를 하는 것을 볼 수 있다. 이러한 생각을 통해서 보면, 글을 쓰는 것은 한 마디로 거룩한 예술가들이 위대한 작품을 만들기 위해 창작의 고통을 최대한 겪으면서 한 발 한 발 전진해 나가는 사투와 같은 것이었다.

하지만 필자는 이렇게 생각하지 않는 다. 글쓰기가 힘든 고통이고, 노역이어야 할 이유가 있는 가? 왜 꼭 그렇게 고통스러운 과정이어야 하는 가?

이것은 마치 한국의 학생들은 공부라는 것이 좋은 대학의 졸업장이라는 타이틀(?)을 받기 위해, 혹은 좋은 직업과 직장을 구하기 위해, 돈을 많이 벌고 성공하기 위해서 하기 싫지만, 힘들고 고달픈 것이지만 해야만 하는 그런 것이지만, 유태인들에게 있어서 공부는 단 맛을 느끼게 해 주는, 꿀을 먹는 것과 같이 즐거운 것, 재미있는 것, 좋은 것이 되는 것과 다르지 않다.

누군가에게는 가장 힘든 것, 하기 싫은 것, 나쁜 것이지만, 누군가에는 좋은 것, 즐거운 것, 재미있는 것, 쉬운 것일 수 있다는 것이다.

셰익스피어는 [햄릿]을 통해 이런 말을 한 적이 있다.

"이 세상에는 좋은 것도 나쁜 것도 없다. 다만 생각이 그렇게 만들 뿐이다."

참으로 멋진 말이지 않는가? 공부도 진짜 재미있는 것이 될 수 있듯, 글쓰기도 진짜 재미있는 것일 수 있고, 즐거운 것일 수 있다.

날마다 글쓰기를 고통이라 생각하고 고통스럽게 창작의 고통을 느끼며 매일 글을 쓰는 작가보다는 날마다 글쓰기를 즐기며, 작가 자신이 즐겁고 신나게 글을 쓰는 작가가 필자의 생각에는 더 위대하다.

'아는 자는 좋아하는 자만 못 하고, 좋아하는 자는 즐기는 자만 못 하다'는 너무나 유명한 말이 있듯, 즐기는 자는 자신도 모르게 창조적이 되고, 자신의 능력을 최대한 끄집어 낼 수 있게 된다.

즐길 때 오롯이 행복한 삶을 누릴 수 있게 되고, 그 과정에서 즐겼기 때문에 더 이상의 결과에 큰 기대나 욕심을 내지 않을 수 있게 된다. 말 그대로 결과에 너무 연연해하지 않을 수 있게 된다는 말이다.

 글쓰기를 즐길 수 있는 작가와 그렇게 하지 못 하는 작가는 글쓰는 과정에서도 큰 차이가 나지만 결과에 대처하는 자세도 확연하게 다를 수 밖에 없다.

 글쓰기를 즐겼던 작가는 자신이 출간한 책이 반응이 좋지 못 하더라도 글쓰기를 즐겼기 때문에 그것으로 만족할 수 있고, 또 다른 글을 쓸 수 있다. 재미와 즐거움이란 요소를 절대 무시할 수 없는 것이기 때문이다. 하지만 글쓰기를 즐기지 못 하는 작가는 그렇게 힘들게 쓴 글이 별로 반응이 좋지 못 하게 되면, 너무나 큰 실망과 좌절을 하게 되는 것은 자명한 사실이다. 그로 인해 두 번째 책을 쓰는 것이 너무나 힘든 과정이 된다.

 처음부터 힘든 과정이었지만, 첫 번째 실패로 인해 두 번째 도전은 한 마디로 첫 번째 보다 몇 배 더 힘든 과정이 된다. 이러한 고통과 과정을 누가 이겨낼 수 있을 까? 설상가상으로 첫 번째 책이 성공을 하지 못 할 경우 작가는 세상으로부터 인정을 받지 못 하게 된다.

아무도 당신을 알아주지 않을 때, 두 번째 책을 쓴다는 것은 결코 쉬운 일이 아니다. 여기에 경제적인 지원이나 보상이 없기 때문에 글쓰기를 즐기지 못 하는 작가는 더 이상 진군해 나갈 힘이 없게 된다.

 하지만 글쓰기를 즐기는 작가는 이 모든 시련과 역경조차도 훨씬 더 작게 여겨질 수 있다. 특히 미칠 만큼 글쓰기를 좋아하고 즐기는 작가는 그것만으로 모든 보상을 받으면서 하루하루 글쓰기를 하는 것과 다를 바 없다.

 - 어린아이가 놀이터에서 놀 듯 글을 쓰라.

 필자는 작가 지망생들에게 글쓰기를 어린아이가 놀이터에서 놀이를 하듯, 그렇게 자유롭게 신나게 즐겁게 순수하게 몰입하여 글을 쓰라고 조언해 주고 싶다.

 놀이터에서 놀이에 몰두한 어린아이들을 자세히 관찰해 보았는가?

 어린이들은 자기 자신만의 세계를 건설하고, 그 세계에

서 모든 것을 경험하며 세상을 모든 것을 가진 자처럼 그 세계를 호령하고, 즐기고, 누리고, 논다.

 작가란 책이라는 놀이터에서, 원고지라는 놀이터에서 자신만을 세계를 건설해 나가는 어린아이가 되어야 한다. 가장 순수하게, 가장 자유롭게, 가장 신나게, 가장 즐겁게 놀이하듯 글을 쓰는 것이다.

 그렇게 글을 쓸 때 최고의 작품이 나오는 것이라고 필자는 생각한다. 어린아이들은 놀이터에서 놀 때 가장 창조적이 된다. 작가는 그러한 상황을 스스로 만들어야 한다.

 어린아이들은 놀이터에서 놀면서 세상을 배우게 된다. 작가도 역시 글을 쓰면서 더 큰 세상을 배워야 하고, 경험해야 하고, 그것을 글로 써야 하는 것이다.

 필자는 초창기에 저자 소개에 꼭 이런 말을 써 넣은 적이 있다.

 '글쓰기는 어린아이가 놀이터에서 노는 것과 같다.'

필자가 이렇게 어린아이가 놀이터에서 노는 것처럼 그렇게 글을 쓸 수 있었기 때문에 좋은 성과가 있을 수 있었던 것이라고 필자는 생각한다.

작가가 되고 싶은 사람들이거나 자신의 이름으로 된 책을 한 권이라도 세상에 내놓고 싶은 사람이라면 오늘부터 어린아이가 놀이터에서 놀 듯 그렇게 글을 써 보는 것은 어떨까?

어린아이는 사실 놀이터에 들어가면서 '오늘은 몇 시까지 놀아야 할 것인지, 혹은 오늘은 얼마나 많이 놀아야 할 것인지, 오늘은 누구와 놀아야 할 것인지'와 같은 것들은 생각하지 않는 다.

그러므로 당신도 글을 쓸 때 이런 식으로 글을 쓰는 것이 나쁘지 않다. 오늘은 얼마나 많이 쓸 것인지? 혹은 오늘은 무엇에 대해서 쓸 것인지? 오늘은 몇 시간 글을 쓸 것인지? 와 같은 것들에 생각하지 않는 것이 좋다.

도서관 의자에 앉는 순간, 그리고 노트북이나 타자기를

여는 순간 그때부터 그저 쓰기만 하면 되는 것이다.

 마치 어린아이가 놀이터에 들어와서 그저 노는 것처럼 말이다. 어린아이가 놀이터에서 놀 때는 그 어떤 생각도, 계획도, 시나리오도 없다는 사실을 명심하자. 그야말로 즉흥적이고 자유롭고 신나게 논다는 것을 말이다.

 당신도 글을 쓸 때 지금보다 좀 더 즉흥적이어야 하고, 자유로워야 하고, 신나야 한다. 이것이 필자의 조언이다. 이런 조언을 하는 작가들이 많지는 않을 것이다. 하지만 필자는 하고 싶다.

 이렇게 글을 쓸 때 얼마나 높게 자신의 글쓰기가 도약할 수 있는 지를 체험해 본 사람은 절대 침묵할 수 없기 때문이다.

 어린아이가 놀이터에서 놀 때는 아무 걱정도 하지 않는다. 자신이 놀기 때문에 생길 그 어떤 미래에 대해 걱정하거나 두려워하지 않는 다. 어린아이는 자신이 놀고 있는 바로 그 순간에 모든 것을 집중한다.

'지금 이 순간을 즐겨라' 라는 말이 있듯, 어린아이가 놀이터에서 놀 때는 그 어떤 것에도 연연해하지 않는 다. 노는 것에만 집중하는 것이 바로 놀이터에서 노는 어린아이의 진짜 모습일 것이다.

 당신도 이처럼 글을 쓰는 것이 필요하다. 글을 쓰는 것에만 온전히 집중할 수 있어야 한다. 그것이 당신이 가진 능력을 최고로 끄집어내는 유일한 방법이기 때문이다 .

 놀이터에 가서 어린아이가 뛰어 노는 것을 자세히 관찰하고 그들한테서 우리는 배워야 한다. 즐겁게 사는 법, 즐겁게 집중하는 법, 미래를 걱정하지 않는 법, 지금 이 순간에 사는 법을 말이다.

 어린아이가 놀이터에서 놀 듯 글을 쓴다는 것은 글을 쓰는 것에 자신을 맡긴다는 것이다. 결국 자신을 자유롭게 뛰어 놀게 하는 것이고, 거침없이 즐기는 것이다. 글쓰기에 말이다.

 - 글쓰기는 논리적, 창조적 사고를 동시에 키워 준다.

글쓰기는 놀라운 마법의 힘을 가진 것은 분명하다. 글쓰기를 하다 보면 자신도 모르게 논리적이 되고, 창조적이 되기 때문이다. 알게 모르게 글을 쓰기 전보다 훨씬 더 많은 다양한 생각들을 유연하게 해 낼 수 있게 되는 자기 자신을 발견하고 무척 놀라는 경우도 적지 않다.

 바로 글쓰기에는 사람의 사고를 단련시키고 사고의 근육을 키워주는 힘이 있기 때문일 것이다.

 [글쓰기의 전략]이란 책의 저자인 정희모 교수는 글쓰기 교육의 중요성과 효과에 대해서 이렇게 설명한 적이 있다.

 " 나는 그것이 글쓰기가 지닌 뛰어난 사고 형성 기능과 관련이 있다고 믿고 있다. 글쓰기는 단순히 생각이나 지식을 전달하기 위한 것이 아니다. 오히려 글쓰기는 생각을 만들어내고, 지식을 구성하는 데 중요한 역할을 담당한다. 그래서 1996년도에 노벨의학상을 받은 피터 도허티 교수나 MIT의 바라라 골도프타스 교수도 글을 잘 쓰는 사람이 사고가 명확하여 연구 성과가 뛰어나다고 단

언하고 있다.

 글은 엉켜진 생각을 명료하게 정리해주는 신비한 마력이 있다. 또 이 생각을 저 생각으로 옮기는 능청스러운 힘을 가지고 있다. 우리는 글을 쓰면서 생각을 정리하고, 글을 쓰면서 새로운 생각을 만든다. 글쓰기가 논리적 사고, 창조적 사고를 키운다는 말은 그래서 가능하다. "
< 정희모, [글쓰기의 전략], 6쪽 >

 글쓰기가 정말로 이렇게 놀라운 힘을 가진 이유 중에 하나는 우리의 사고는 언어의 구조라는 틀 속에 갇혀 있기 때문이다. 그러한 언어의 구조를 새롭게 만들어내고 응용하는 것이 바로 글쓰기의 본질이다. 그러한 응용 과정에서 인간의 사고는 좀 더 논리적이 되고, 좀 더 창조적이 되는 것이다.

 글쓰기가 놀라운 힘을 가진 이유 중에 하나는 글쓰기는 반드시 손가락을 이용해야 하기 때문이다. 손가락은 외부에 나온 뇌라고 할 수 있을 정도로 매우 놀라운 기관이다.

 손가락을 사용한 악기 연주, 가령 피아노와 같은 악기

연주를 배우게 하면 머리가 좋아지는 이유가 바로 이것 때문이다. 손가락을 잘 사용하는 젓가락 문화권의 민족들이 지능지수가 높은 이유도 바로 이것 때문일 것이다.

손가락을 사용하는 것은 뇌과학적 측면에서 뇌를 깨우고 마사지를 하고, 움직이도록 자극하는 것과 다를 바 없다. 잠자고 있는 뇌의 각 부분을 깨우는 것이 바로 손가락을 사용하여 글을 쓰는 것과 다를 바 없다.

그래서 필자의 경우에는 그냥 말을 하는 것보다 손가락으로 타이핑을 할 때 혹은 빈 종이에 아무 글씨라도 휘갈겨 쓸 때 좋은 생각들이 떠오르고, 기억하려고 했던 생각들이 훨씬 더 쉽게 생각난다.

글쓰기는 이러한 여러 가지 이유로 인해서 인간의 사고력을 명료하게 해 주는 훈련을 하게 되고, 사고력이 유연하게 되는 효과가 있다. 그런 점에서 100권의 책을 읽는 것보다 1권의 책을 쓰게 되면 훨씬 더 많은 공부를 하게 되고, 더 많이 배우게 된다.

글쓰기를 잘 하는 사람들이 결국에는 시대를 이끄는 리

더가 된 경우가 많은 것도 이와 같은 맥락에서 이야기 할 수 있을 것이다.

버락 오바마 대통령은 흑인 최초로 미국의 대통령이 된 기록을 세웠다. 그가 글쓰기를 잘 한다는 것은 누구나 다 아는 사실이다. 그는 대학시절 흑인 최초로 하버드 로 리뷰 편집장이 되었다. 그가 얼마나 글쓰기를 잘 하는 사람인지를 잘 알 수 있는 대목이다.

그가 쓴 책은 이미 수 십 권에 이른다.

2차 세계대전을 승리로 이끈 윈스턴 처칠도 역시 글쓰기에 남다른 재주가 있는 사람이었다. 그는 정치인으로서 유일하게 노벨 문학상을 수상한 사람이기도 하다.

김대중 대통령, 박근혜 대통령을 비롯해서 정치적인 영향력을 비롯해서 각 분야에서 두각을 나타낸 사람들은 최소한 한 두 권의 책을 출간한 경험을 가지고 있는 사람들인 이유도 이런 맥락에서 설명할 수 있을 것이다.

글쓰기는 사고를 명료하게 해 주고, 정리를 해 주는 효과가 있다. 필자가 실례조 그러한 것들을 경험해 보았기 때문이다. 복잡한 주제에 대해서 글을 쓰다 보면 쓸수록 그 복잡한 주제가 단순하게 정리되는 경우가 많다.

 글을 쓰면서 스스로 정리가 되는 것이다. 글쓰기가 가진 힘이 발휘되기 때문이다.

 – 글쓰기보다 자신의 마음을 비울 줄 알아야 한다.

 작가가 되고자 하는 사람들은 무엇보다 욕심을 먼저 버려야 한다. 즉 마음을 비울 줄 알아야 작가가 될 수 있다. 왜냐하면 욕심이 많은 사람은 글을 쓰는 데 오롯이 집중할 수 없기 때문이다.

 현실적인 문제에서도 작가가 되고자 하는 사람은 무엇보다 마음을 비울 수 있어야 한다. 그 이유는 작가보다 더 심한 비평을 받는 예술가는 존재하지 않기 때문이다. 특히 작가들은 다른 작가들에 대해 서로 나쁜 소리를 많이 하는 그런 예술가들(?)이다.

작가 본연의 임무는 말을 글로 쓰는 것이다. 그만큼 할 말이 많은 것이다. 그런 점에서 무엇인가를 끊임없이 말하고 글을 쓰는 사람이 작가라고 할 수 있다.

 트위터를 많이 하는 사람을 보라. 작가가 많이 하는가? 화가나 뮤지션이 많이 하는 가? 그리고 대한민국에서 파워 트위터리안 1위에서 5위는 모두 작가이거나 최소한 책을 한 권 이상 출간한 경험이 있는 사람들이다.

 하지만 문제는 너무 욕심이 많으면 하지 말아야 할 말까지 하게 된다는 데 있다. 최근에 실언을 많이 해서 구설수에 자주 오르는 트위터리안이 있다. 말을 조심하지 못하는 한 가지 이유는 너무 욕심을 많이 가지고 있기 때문이다.

 가장 중요한 것은 마음을 비우고 꼭 해야 할 말만 하는 것이다.

 작가는 어떻게 보면 큰 사명을 가지고 있는 사람이다. 그런 점에서 과욕을 부리면 절대 안 된다.

한국 사회가 시끄러운 이유는 너무 많은 말을 하고자 하는 욕심 때문이다. 때로는 조용히 독방에서 혼자만의 시간을 많이 가질 필요가 있다. 여기 저기 쫓아다니고 이런 저런 일에 참여하게 되면 작가로서의 삶을 잘 이어나갈 수 없게 된다.

정신이 분산되기 때문이다.

작가는 모름지기 마음을 비울 줄 알아야 하는 이유 중에 하나는 작가의 삶의 모습은 세상에 나서서 무엇인가를 하기 보다는 조용히 의자에 앉아서 세상을 통찰하고 자신을 성찰하여 그것을 종이에 옮겨야 하기 때문이다.

뿐만 아니라 마음을 비우지 않으면 더 이상 세상을 바라보는 시야가 넓고 정확하지 않는 다. 욕심이 있기 때문에 세상이 더 이상 보이지 않고 자신도 잃게 된다.

글쓰기는 자기 자신과의 싸움에서 이기지 못 하면 절대 잘 해 낼 수 없는 일이라고 생각한다. 그런 점에서 글쓰기를 하고자 하는 사람은 절대로 욕심을 부려서는 안 된다.

마음을 비울수록 더 많은 세상이 보이고 더 많은 것들을 생각할 수 있고 더 많은 것들을 글로 쓸 수 있다.

 비우면 비울수록 새로운 것들로 채울 수 있는 것이 항아리의 비밀이듯, 당신이 자신의 마음속에 욕심으로 가득 차 있게 하면 그 어떤 것으로도 채울 수 없고, 당신은 글로 쓸 수 없게 된다.

 욕심도 비우고, 분노도 비우고, 아픔도 비우고, 후회도 비우고, 집착도 비우고, 슬픔도 비우고, 미움도 비우고, 연민도 비울 때 비로소 당신은 진정한 작가가 될 수 있다.

 글을 쓴다는 것은 글과 자신이 하나가 되어야 한다. 그런데 욕심이나 집착이나 미움이나 분노와 같은 온갖 마음의 잡동사니가 당신의 내면에 가득 차 있다면 어떻게 글과 당신이 하나가 될 수 있겠는가?

 당신의 내면에 있는 온갖 잡동사니를 비워야 그 비워진 곳에 세상이 들어와 그것이 당신과 하나 될 때 글로 재탄

생되는 것이다.

 생각해보자. 당신의 마음에 분노와 욕심과 집착으로 가득 차 있다면, 그런 사람이 쓰는 글은 어떤 성격의 글이 될 까? 당연히 분노와 욕심과 집착으로 가득 차 있는 그런 글이 될 수 밖에 없다.

 이런 사람이 어떤 주제에 대해서 글을 쓴다고 해도 그 글에는 욕심과 집착과 분노가 섞여 있게 되는 것이다.

 당신의 머릿속에 온갖 섹스에 대한 생각만 가지고 있는 사람이 어떤 글을 쓴다 해도 글 속에 섹스에 대한 이야기가 저절로 흘러나오지 않을 수 없게 된다. 당신의 머릿속에 온갖 공부에 대한 생각을 가지고 있는 사람은 자연스럽게 공부에 대한 이야기가 흘러 넘치게 되는 것이다.

 - 세상과 전문가들의 평가를 무시하라.

 당신이 작가가 되고자 한다면 가장 중요한 사실 한 가지를 말해 주겠다. 그것은 절대 세상과 전문가들의 말에 귀를 기울이면 안 된다는 것이다.

 그 이유는 한 마디로 당신이 작가로서 꿋꿋하게 살아가기 위해서이다. 작가로 살기 위해서는 세상과 전문가들의 그 어떤 말에도 귀를 기울여서는 안 된다.

 생각해 보라. 100 사람의 전문가들이 있다면 당신의 작품에 대해 이 전문가들의 평가는 그야말로 천차만별이다.

 혹평을 하는 전문가도 있고 찬사를 아끼지 않는 전문가들도 있을 수 있다. 하지만 어느 쪽도 당신의 작가 생활에 해로운 독이 된다는 사실을 명심해야 한다.

 혹평을 하는 전문가들의 평가에 너무 귀를 기울이게 되면 열등의식에 빠질 수 있고, 자신의 무한 잠재력에 스스로 브레이크를 걸게 되는 꼴이 될 수 있다. 엄청나게 성장할 수 있는 당신의 글쓰기가 몇 몇 전문가들의 혹평으로 인해 정체 되고 퇴보 할 수 있다는 것이다.

 이것만큼 낭비적이고 후회스러운 것이 또 있을 까?

이와 마찬가지로 찬사를 아끼지 않는 사람들의 호평도 당신의 작가 생활에 해로운 것은 마찬가지이다. 누군가가 당신의 글에 대해 끝없는 찬사를 보내고, 당신은 그 말을 그대로 믿고 자신이 마치 글을 잘 쓰는 천재적인 작가로 도약이라도 한 것처럼 그 때부터 어깨에 힘이 들어가고, 목에 힘을 주게 된다.

 그렇게 되는 순간 당신은 조용히 골방에 앉아서 매일 글 쓰는 것이 갑자기 너무나 힘든 일이 되어 버릴 수 있다. 허파에 바람이 들었기 때문이다. 어떻게 세계적인 천재 작가가 이렇게 조용히 시골 골방에 앉아서 글이나 쓰고 있을 수 있겠냐는 것이다.

 약간 유명해진 사람들의 책이 더 이상 그 이전의 작품들보다 좋지 못 한 이유 중에 하나가 바로 이것이라고 할 수 있다.

 실패는 병가지상사라고 오히려 성공보다는 실패를 하는 것이 작가로서의 성공에 더 도움이 된다고 필자는 생각한다.

작가는 세상의 소리에 귀를 기울이지 않아야 한다. 다만 작가는 세상에 자신의 목소리를 조용히 외쳐야 한다. 그것이 작가의 본연의 임무이기 때문이다.

세상과 전문가의 당신에 대한 평가에 너무 귀를 기울이면 그것에 휘둘리며 살게 된다. 세상에 자신을 당당히 내보여야 하는 것이 작가의 삶이다. 그런 점에서 세상에 휘둘리며 살아서는 절대 안 된다.

 작가는 누구보다 자기 자신에 대한 확신을 가지고 있어야 한다. 그런 사람에게서 확신에 찬 좋은 글이 나올 수 있기 때문이다. 자기 자신에 대한 확신도 없는 사람에게서 어떻게 강하고 힘찬 글이 나올 수 있겠는가?

 결국 글이란 당신에게서 흘러나오는 또 다른 당신인 것이다. 그런 점에서 가장 중요한 사실은 당신 자신에 대해 당신은 강한 신념을 가지고 있어야 하며, 강한 의식이 굳건히 당신의 내면에 존재하고 있어야 한다는 사실이다.

 전문가들의 평가와 권위자들이 쏟아내고 있는 말들이 얼마나 신뢰할 수 없는 것인지를 당신이 잘 알고 있다면 세상과 전문가들과 권위자들의 평가에 휘둘리지 않을 수 있는 데 도움이 될 것이다.

권위자나 전문가들의 확신에 찬 주장들이 헛소리일 뿐이라는 사실을 잘 말해주는 경우 중에 대표적인 사례가 바로 로저 배니스터Roger Bannister의 사례일 것이다.

1954년까지 인류는 인간은 1마일을 4분 안에 돌파할 수 없는 존재로 알고 있었다. 그렇게 인류가 생각하게 된 이유는 그 당시 수많은 권위있는 의학자들과 스포츠의 세계적인 전문가들이 모두 이구동성으로 '인간은 1마일을 돌파할 수 없다' 고 주장했기 때문이다.

'인간이 만약에 1마일을 4분 안에 돌파하게 되면 폐와 심장이 파열되고, 심한 긴장으로 뼈가 부러지고 관절이 파열되며, 근육과 인대, 힘줄 등이 찢어지게 될 것이다.'

이러한 주장을 그 당시 전문가들, 권위자들, 의학자들이 이구동성으로 했고, 그 결과 인류는 정말 그런 것인 줄 믿었던 것이다. 그런 잘못된 신념 때문에 인류는 수백 년 동안 1마일을 4분안에 돌파하지 못 했다.

그러다가 자기 자신에 대한 확신이 찬 멋진 친구가 나타났다. 바로 로저 배니스터였다. 그는 1마일을 4분 안에 주파했다. 그럼에도 폐와 심장은 멀쩡했다. 부러지고 찢어진 신체 기관은 하나도 없었다.

이 사실이 세상에 알려지자 1~2년 이내에 1마일을 4분 안에 돌파하는 사람들이 300명 이상으로 늘어났다. 세상과 전문가들의 주장에 그동안 휘둘리며 살았던 육상 선수들이 로저 배니스터의 활약과 기록을 보고 나서 세상과 전문가들의 주장에 휘둘리지 않고 자신의 길을 갈 수 있게 된 것이다.

당신이 세상과 전문가들의 주장에 휘둘리지 않아야 하는 이유가 바로 이것이다.

- 15년 동안 무명이었던 세계 최고의 베스트셀러 작가.

영화 '쇼생크 탈출'이란 영화를 보면, 정말 감동과 환희와 희열과 전율을 시청자들에게 선사해 주는 멋진 영화이다. 이 영화의 원작자가 누구인지 아는가? 세계 최고의 베스트셀러 작가인 스티븐 킹이다.

그가 15년 동안 무명작가였고, 그래서 생활고에 시달려서 경비원도 하면서, 공장에서 일도 하면서 힘들 시절을 보낸 적이 있다는 것을 아는 사람은 많지 않을 것이다.

당신이 진짜 작가가 되고 싶다면 이러한 힘든 시절을 당당히 이겨낼 수 있는 각오를 해야 한다.

이러한 힘든 시기에 세상은 그를 인전해 주지 않았다. 하지만 그는 자기 자신을 위해 엄청난 양의 작품을 집필하고 또 집필했다.

작가란 모름지기 이래야 한다고 생각한다. 세상이 알아주지 않아도 끝까지 글을 쓸 수 있는 사람이어야 한다는 것이다.

그가 15년 동안 너무나 많은 출판사로부터 거절의 말을 귀에 못이 박히도록 들었던 말은 바로 이런 말이었다.

"당신의 작품에 대해 우리 출판사는 출판하지 않기로 결정했습니다. 다른 출판사를 찾아가 주시기 바랍니다."

스티븐 킹도 자신의 삶에 대해 이렇게 술회하기도 했다.

"출판사의 거절 편지는 내 삶의 곳곳에 배어 있다."

이것이 바로 현존하는 세계 최고의 베스트셀러 작가의 자화상이다. 그러므로 당신은 절대 기죽을 필요가 없다. 15년 이상 무명으로 지낸다고 해도 절대 기죽을 필요가 없다.

스티븐 킹도 인간이기에 좌절과 절망은 그를 힘들게 했고, 그는 그러한 상황과 절망 속에서 자신이 쓴 첫 번째 장편 소설을 다 쓰고 나서 자기 자신에 대한 확신이 더 이상 없었기 때문에 절망하며 자신의 손으로 직접 쓴 원고를 쓰레기통에 처 박았다는 사실을 당신이 알아야 한다.

 그것은 그 어떤 위대한 작가라도 스스로에 대한 신념이 흔들릴 때는 수도 없이 많이 찾아온다는 사실이다. 즉 자기 자신과의 싸움에서 이기지 못 하면 당신은 작가가 될 수 없고, 작가로 살아갈 수 없다.

 자기 자신과의 싸움에서 가장 중요한 것은 자신의 마음과의 싸움이다. 작은 성공에 우쭐해지고 교만해지는 것은 절대 금물이다. 또한 잦은 실패와 시련에 움츠러들고 의기소침하고 무기력해지고 좌절하고 절망하는 것도 금물이다.

 그렇게 하지 않기 위해서는 가장 필요한 것은 인생을 길게 내다보고, 넓게 보라는 것이다.

 " 행백리자반구십 行百里者半九十"

 이란 말을 작가가 되고자 하는 작가 지망생들에게 꼭 해 주고 싶다. 이 말은 중국 전한前漢 시대의 유향劉向이 동주東周 후기인 전국시대戰國時代 전략가들의 책략을 편집한 책인 전국책戰國策에 있는 말이다. 백리를 가고자 하는 사람에게는 구십 리가 반이라고 여겨야 한다는 말이다.

　작가의 삶이 모름지기 이와 다르지 않다. 항상 자신의 부족함을 알고 꾸준히 정진해야 한다. 성공을 하더라도 또한 실패를 하더라도 꾸준히 정진해 나가며 매일 글을 쓰는 삶을 살아야 한다. 그래서 작가에게 필요한 것은 꾸준한 공부라고 생각한다.

제 2 부. 책쓰기로 인생을 혁명하라.

" 하지만 대부분의 경우 그는 실망한다. 첫 강의에서, 책 서두에서, 작가의 강연 첫머리에서 그는 " 재능은 배운다고 해서 트이는 것이 아니다. "라는 말을 듣는다. 거기서 그의 희망은 사라지고 만다. 본인이 의식하든 의식하지 못하든 그런 부정적인 문장 속에서 그가 찾게 되는 것은 다름 아닌 자기 부정이다. .... 대부분의 글쓰기 교사와 작가들은 되도록 일찍, 그리고 되도록 심드렁하게 그 말을 해주어야 한다고 생각하는 듯하다. 그는 그저 글쓰기와 관련해 뭔가 굉장한 비법이 있다는 말을 들음으로써 작가의 대열에 합류하고 싶었을 뿐인데 말이다."

< 도러시아 브랜디, [작가 수업], 20 ~ 21쪽 >

제 4 장. 책쓰기가 주는 최고의 맛과 힘을 느껴라.

" 글을 쓴다는 것은 삶을 고양시키는 것이며, 궁극적으로 무한히 즐거운 행위이다. 창조성의 분출인 글쓰기는 영혼의 상처를 치유하며, 영혼을 성숙케 한다. 그러나 반드시 글쓰기 강좌나 글쓰기 선생을 찾아갈 필요는 없다. 소설 작법이나 시 작법 따위의 책을 읽을 필요도 없다. 글을 쓰기 시작하는 데에는 어떤 마법도 필요치 않다. 마법의 환상을 버리고 글과 씨름하며, 포기하지 않고 계속 글을 쓰다보면 역설적으로 진짜 마법 같은 일이 일어난다."

< 로버타 진 브라이언트, [누구나 글을 잘 쓸 수 있다],

- 마약보다 더 중독성이 강한 글쓰기에 빠져라.

글쓰기를 제대로 경험한 사람들은 글쓰기가 어떤 마약보다도 더 강한 중독성을 가지고 있음을 알게 된다.

필자의 경우에는 그렇다. 마약을 실제로 한 번도 해 본 적이 없었기 때문에 마약의 중독성이 어느 정도인지는 알지 못 한다. 물론 마약의 중독성은 매우 강렬하고 치명적이라는 사실만을 알 뿐이다.

그럼에도 불구하고 필자가 자신 있게 글쓰기가 마약보다 더 중독성이 강하다고 말 할 수 있는 단 한 가지 근거는 글을 쓰는 즐거움을 진정 제대로 느껴 본 적이 있는 사람들은 절대로 글쓰기를 포기할 수 없다는 한 가지 사실 때문이다.

 글쓰기에 대해서 어려워하고, 힘들어하고, 그 어떤 재미도, 즐거움도 느껴 보지 못 한 사람들이 아쉽게도 너무나 많다는 것도 부인할 수 없는 한 가지 사실일 것이다. 하지만 이 세상에 그 어떤 것도 처음에 배울 때는 제대로 맛을 느낄 수 없다는 것을 명심하자.

 가령 당신이 스키를 배우거나 자전거를 배울 때도 마찬가지이다. 처음에는 배워야 하는 과정이 필요하다. 무엇인가를 새롭게 하기 시작한다는 것은 설렘도 있지만, 한편으로는 매우 힘들고 고통스러운 과정을 겪어야 한다.

 그러한 과정이 지나서 스키 실력이 중급이 되고, 고급이 되면, 그 때부터 힘이 적게 들고 제대로 스키를 즐길 수 있게 된다. 그 결과 스키 매니아가 되어, 한 여름에도 겨울이 오기만을 기다리는 그런 중독 증상을 보여 주게 되는 것이다.

달리기를 매일 하는 사람들은 조깅에 중독된 사람들이다. 그들은 달리기를 30분 정도 할 때 고통의 순간을 지나서 얻게 되는 희열, 즉 러너스 하이(runners's high)라는 마약에 중독되었을 때 나오는 마약류와 비슷한 호르몬이 뇌 속에서 분비되는 짜릿함을 경험하게 된다.

그것을 한두 번 경험한 사람들은 절대로 달리기를 포기하거나 멈추지 못 한다. 그 때의 기쁨과 즐거움과 짜릿함을 절대로 잊지 못 하기 때문이다.

글쓰기도 이와 다르지 않다. 힘들고 어려운 초보 과정을 지나 중급이 되고, 고급이 되면 될수록 힘은 적게 들고, 재미와 기쁨은 두 배로 증폭되고, 열 배로 증폭되기 때문이다.

글쓰기는 살아있다는 것을 느끼게 해 주는 유일한 것인지도 모른다.

어떤 책에서 보니까 한국 사람들은 대부분 자신이 글쓰기에 능력이 부족하다고 생각하는 것. 심지어 그 책의 저자조차도 버젓이 '우리의 글쓰기 능력이 부족한 것은' 이라고 처음부터 우리들은 글쓰기 능력이 부족한 사람들이라는 생각을 하는 것을 보고 심한 반감이 느껴졌다.

한국의 축구 기술을 보라. 우리들은 보통 정신력은 강한데 기술이 부족하다고 생각했다. 하지만 히딩크 감독은 전혀 반대로 이야기하는 인터뷰를 들은 적이 있다. 실로 충격적이었다. 히딩크 감독은 한국 선수들은 오른발 왼발을 잘 사용하는 유일한 그런 선수들이고 기술도 좋다는 것이다. 다만 정신력이 약하다는 것이다.

히딩크 감독은 변방의 한국 축구를 세계 중심으로 옮겨주었다. 한국 선수들에 대한 인식의 차이가 만든 결과라고 나는 생각한다.

한국인들, 우리들의 글쓰기 능력에 대한 인식도 바뀌어야 한다고 생각한다. 아니 지금까지는 잘못 인식되었고, 그래서 그렇게 생각하는 것이 자연스럽고 당연한 것으로 여겨졌을 것이다.

하지만 한국인들의 글쓰기 능력이 정말 형편없는 지, 아니면 세계에 그 어떤 민족들보다 더 뛰어난지 정확히 측정해 본 적이 없을 뿐이다. 혹시 아는가? 한국인인 당신의 글쓰기 능력이 천부적인 재능을 타고 났는지 말이다. 다만 그것을 발굴하고 개발하지 못 했을 뿐이지 말이다.

 자신의 숨겨진 재능이 어떤 분야에 있고, 어느 정도인지를 제대로 아는 사람은 이 세상에 단 한 명도 없다. 그래서 위대한 일을 해 내고 나서 자신도 스스로에게 놀라는 경우가 적지 않다.

 당신이 글쓰기에 중독이 되어야 하는 이유도 바로 여기에 있다. 그저 몇 번 글을 쓰고 나서 자신에게는 글쓰기 능력이 처음부터 부족하거나 없다고 단정지어서는 안 되기 때문이다. 최소한 꿈이 작가라면 평생을 걸고 자신이 재능을 발견하고 발굴하기 위해 노력해야 한다. 하지만 의지나 노력은 한계가 있다.

 그 한계를 뛰어넘기 위해서 당신에게 필요한 것이 바로 글쓰기를 즐길 수 있어야 한다는 것이다. 바로 글쓰기의 즐거움에 중독되는 방법이다.

- 책쓰기가 주는 맛과 힘을 느껴라.

진정한 작가로 거듭나기 위해서는 무엇보다도 글쓰기가 주는 참 된 맛과 힘을 느껴야 한다. 그것도 한 번도 느끼지 못 한 사람은 한 두 권의 책을 쓴 후 작가의 삶을 포기하고 다른 길로 갈 수 있기 때문이다.

하지만 글쓰기가 주는 진짜 맛과 힘을 한 번이라도 제대로 느낀 사람들은 절대로 작가의 길을 포기할 수 없게 된다. 그 맛과 힘이 너무나 매력적이고 중독성이 강한 맛이며 힘이기 때문이다.

권력을 한 번이라도 가져본 적이 있는 사람은 절대로 권력을 맛을 잊을 수 없다고 한다. 그래서 자신이 잘못된 선택인줄을 알면서도 그 유혹을 거부하지 못 한 채 권력을 또 다시 한 번 더 맛보기 위해 실수를 하게 되고, 그로 인해 패가망신하는 경우가 적지 않은 것이다.

글쓰기도 권력만큼 치명적인 유혹의 힘을 가지고 있는 맛과 중독성이 있다. 그리고 권력과 마찬가지로 엄청난 힘을 가지고 있다.

그래서 어떤 사람들은 글쓰기를 통해서 유명인사가 되기도 하고, 평범했던 사람들이 글쓰기를 통해서 일간지와 잡지, TV에 자주 출연하는 사회적 명사가 되기도 하고, 심지어는 정부의 고위 관료가 되어 정치를 하기도 한다. 그리고 어떤 사람들은 글쓰기를 통해서 엄청난 부자가 되기도 한다. 실제로 100만부 정도를 팔면 수익으로 작가는 보통 10억 정도를 고스란히 자신의 수입으로 올릴 수 있다.

물론 100만부 판매가 쉬운 것은 아니다. 하지만 어느 정도 자신이 좋은 작가가 되면 최소한 10만 부 이상은 충분히 판매할 수 있게 된다. 이 정도면 연봉이 1억 정도라고 생각해도 된다.

특히 하루 종일, 매일 출 퇴근해서 회사에 매여서 노동을 하지 않으면서 이정도 수입을 얻는 다면 이것은 결코 작은 수입이 아닐 것이다.

이뿐만 아니다. 대부분의 유명한 작가들, 즉 글쓰기를 통해 베스트셀러가 되고, 자신의 이름이 조금씩 세상에 알려지게 되면 부수입이 생긴다. 그것은 바로 강연 수입, 출연 수입이다.

 관공서를 비롯해서 여기저기서 강연을 해 달라고 요청하고, TV에서도 출연해 달라고 요청이 들어온다. 이 때 한 번씩 가서 강연을 해 주거나 출연을 하면 수 십 만원씩 수입을 거두게 된다.

 이 모든 것이 글쓰기의 힘인 것이다. 글쓰기를 통해서가 아니면 평범한 당신에게 누가 강연을 요청할 것인가? 누가 TV 출연 섭외를 할 것인가? 하지만 책을 쓰는 작가가 된다고 해서 모든 작가가 이렇게 되는 것은 아니다.

 명심하라. 1%에 속해야 한다는 것을 말이다. 하지만 실망할 필요는 없다. 글쓰기는 그 자체로도 엄청난 매력과 힘과 맛을 가지고 있기 때문이다.

 솔직히 힘든 노동을 하는 것보다 하루 종일 도서관이라는 멋진 공간에서 책을 읽고, 글을 쓰는 직업이나 그 과정이 얼마나 축복 받은 일상인지를 생각해 보라.

글쓰기의 참 된 힘은 글쓰기를 통해서 인간 그 자체의 사고와 의식이 도약하는 것뿐만 아니라 사회적, 경제적으로 큰 효과를 불러일으킨다는 데 있을 것이다.

 글쓰기가 주는 맛과 힘을 느껴라. 온 몸으로 느낄 때 당신은 뼛속부터 작가가 될 수 있고, 작가로 다시 거듭날 수 있게 될 것이다.

 '펜은 칼보다 강하다.(The Pen is mightier than the Sword)'

 글을 잘 쓰면 당신은 사회적으로 유명인사가 될 뿐만 아니라 사회적 권리, 발언권, 특권을 얻게 되고, 지도층이 된다. 뿐만 아니라 진짜 글쓰기의 힘은 당신이 죽고 나서도 영원히 유지된다는 데 있다.

 셰익스피어는 그 당시 그렇게 큰 인기를 얻지를 못 했다. 지금 그의 인기에 비하면 셰익스피어 당시의 그의 인기는 너무나 보잘 것 없는 것이었다. 하지만 그의 글은 영원히 남아서 인류의 가슴속에 전해 내려 온다.

마키아벨리도 마찬가지였다. 그가 살았던 당시에는 그는 널리 인정받지 못 했고, 그의 정치적 삶은 녹록하지 못 했다. 하지만 작가로서의 그의 삶은 영원하다.

이것이 글쓰기의 진정한 보이지 않는 힘인 것이다.

- 책쓰기를 즐겨라. 그것이 책을 잘 쓰는 비결이다.

필자는 작가로서의 삶을 살게 된지 이제 겨우 2년 밖에 되지 않는다. 하지만 30권의 책을 이미 출간한 엄청난 경험(?)을 가지고 있는 그런 작가가 되었다.

내가 출간한 책들 중에 어떤 책들은 중국과 일본에서 번역 출간되기도 했고, 어떤 책들은 베스트셀러가 되기도 했고, 또 어떤 책들은 2012년 국립 도서관에서 가장 많이 한국인들이 빌려 보는 책 top 10안에 들기도 했다.

특히 박근혜 대통령에 대해 쓴 책들이 시중에 150여 종이나 출간되었는 데, 필자도 박근혜 대통령에 대해 책을 한 권 썼다. 그런데 그렇게 많은 책들중에서 필자가 쓴 책이 중국의 인민 출판사라는 최대의 출판사에서 유일하게 번역 출간되는 선택을 받기도 했다.

또 어떤 책들은 청와대에서 가장 많이 읽어 보는 책이 되어, tv와 라디오에도 자주 출연하게 되었고, 결과적으로 TED 강연도 하게 되었고, 유명한 명사들만 초청을 받는 명사 특강에도 초청을 받게 되었다.

그런데 더 놀라운 사실은 글쓰기에 대해서 그 어떤 강의도, 그 어떤 교육도 받지 않았던 사람이 어떻게 해서 그렇게 쓴 책들이 좋은 평가를 받게 될 수 있었던 것일까?

한 마디로 그 비결에 대해서 필자는 이렇게 말하고 싶다.

' 신나게 즐기면서 재미있게 쓰라.
전율을 느끼면서 신들린 사람처럼 글을 쓰라.
작가가 전율을 느껴야 독자들도 전율을 느끼게 된다.
작가가 즐기면서 책을 써야 독자들도 즐기면서 책을 읽을 수 있다. '

로버타 진 브라이언트도 이와 비슷한 말을 했다.

" 재미로 쓰라. 자기를 위해!
 작가가 그 과정을 즐기지 못한다면,
 어떤 독자가 그 결과물을 즐기겠는가. "
            < 로버타 진 브라이언트, [누구나 글을 잘 쓸 수 있다], 128쪽 >

바로 이것이라고 필자는 확신한다.

 자기 자신을 위한 글을 쓰는 것, 재미로 즐기면서 신나게 신명나게 글을 쓰는 것이 최고로 글을 잘 쓸 수 있는 비결이라는 것이다.

 그러므로 작가가 되고자 하는 사람이거나 자신의 이름으로 된 책을 한 권이라도 출간하기를 원하는 사람들은 글쓰기를 즐겨야 한다. 그것이 작가로서 성공하는 비결이자, 글을 잘 쓰는 유일한 비결인 것이다.

 글쓰기를 즐길 수 없게 만드는 것 중에 하나가 바로 '완벽주의' 일 것이다. 필자가 독자들에게 정말 하고 싶은 말 중에 하나가 바로 '제발 완벽주의에 절대로 빠지지 말라는 것'이다. 그리고 역기서 한 발 더 나아가서, 필자는 작가 지망생들에게 이런 말을 해 주고 싶다.

'제발 더 잘 하려고 욕심을 내지 말라'고 말이다. 이 말의 의미를 잘 이해해야 한다. 노력하지 말고, 글쓰기를 멈추라는 말이 아니다. 글쓰기는 그대로 하면서 동시에 더 잘 하려고 하는 마음의 욕심을 버리라는 말이다. 즉 완벽하게 하려고 하지도 말고, 좀 더 잘 하려고 욕심을 내지도 말라는 말이다.

한 마디로 마음을 비우고, 현재 글쓰는 그 자체를 완벽하게 즐기라는 말이다. 즉 완벽하게 글쓰기를 즐기기 위해서 완벽주의에서 벗어나야 한다는 말을 지금 하고 있는 것이다.

"완벽주의는 압제자나 사람들을 괴롭히는 적의 목소리이다. 그것은 당신을 평생 동안 구속하고 미치게 만들며 당신이 볼품없는 첫 번째 원고를 쓰지 못하도록 가로는 주요 장애물 역할을 한다. ... 게다가 완벽주의는 당신의 글쓰기를 망치고, 창조성과 장난기와 생명력을 방해

한다. 완벽주의는 청소할 일이 두려워 되도록 어지르지 않고 살려고 필사적으로 노력하는 것이다. 그러나 어지럽고 혼란스러운 것들은 인생이 그만큼 활발히 굴러가고 있다는 것을 보여 준다. 원래 난잡함이란 대단히 풍부한 다산성의 땅이다. 당신은 그 모든 쓰레기 더미 속에서 새로운 보물을 발견할 수도 있고, 여러 가지 것을 깨끗하게 하거나, 어떤 것을 삭제하거나, 수정하거나, 움켜잡을 수도 있다. 단정함이란 어떤 것이 얻기에 좋다는 것을 의미한다. 단정함은 내게 숨을 참는 상태나 정지된 만화 화면을 떠올리게 한다. 글쓰기란 그 반대로 숨 쉬고 움직이는 것을 필요로 하는데 말이다."

< 앤 라모트, [글쓰기 수업], 75 ~ 76쪽 >

글쓰기를 즐길 수 있는 유일한 방법은 어린아이가 놀이터에서 놀 듯, 그저 그 행위를 즐기는 것이다. 어린아이가 놀이터에서 놀 때 완벽을 추구하거나 좀 더 잘 놀기 위해서 그런 것에 의식을 집중하거나 낭비하지 않듯, 당신도 그렇게 해야 한다.

글쓰기를 즐길 수 없게 만드는 것들 중에서 가장 큰 장애물이 바로 완벽해지려고 노력하고, 좀 더 잘 하려고 욕심을 내는 것이다. 그러므로 이제부터 좀 더 잘 하려고 노력하지 마라. 즉 마음을 비우고 글쓰기에만 집중하라는 것이다. 그것이 글쓰기를 즐길 수 있는 유일한 방법이다.

글쓰기를 즐기게 되면 매일 쓰게 되고, 자주 쓰게 된다. 그리고 사람이 즐거울 때, 즐거운 일을 할 때 가장 창조적이 된다. 그러한 여러 가지 조건과 상황이 잘 맞아 떨어지게 될 때 사람은 위대한 작가로 성장할 수 있게 된다.

공자가 위대한 성인이 될 수 있었던 단 한 가지 이유는 '공부를 즐겼기 때문'이다, 이처럼 당신이 위대한 작가가 될 수 있는 한 가지 방법은 '글쓰기를 오롯이 즐기는 것'이다.

- 생각하지 말고 책쓰기에 빠져라.

" 생각하는 것은 글쓰기가 아니다. 글쓰기는 머리가 아닌 종이에 낱말을 늘어놓는 것이다."

< 로버타 진 브라이언트, [누구나 글을 잘 쓸 수 있다], 99쪽 >

 글을 쓰는 사람은 글을 쓰는 것을 멈추어서는 안 된다. 멈추지 않고 계속해서 꾸준히 글을 쓰는 것이 글을 쓰는 사람의 본분이다. 그런 점에서 글쓰기와 생각하는 것은 전혀 다른 것이다.

 필자는 작가로서의 삶을 산지 이제 겨우 3년째가 되어 가고 있다. 하지만 한 가지 의문이 늘 있었다.

다른 작가들이나 출판사들은 책을 한 권 쓰기 위해서는 엄청난 고민과 사색을 하고, 글을 쓰는 순간에도 엄청난 고뇌를 하면서 창작의 고통을 감수해 내는 것 같기 때문이다.

 왜냐하면 필자는 전혀 그런 것이 없었다.

책을 한 권 쓰기 위해 구상을 하고, 주제를 선정하고, 목차를 만들고, 순서를 정한다. 하지만 필자는 이런 모든 과정을 생략한다. 생략하고자 해서 생략하는 것이 절대 아니다.

필자는 생각하지 않고 그저 쓰기 시작하고, 그것을 포기하지 않고 끝까지 그저 쓰기 때문이다.

그렇기 때문에 심지어 1주일에 책 한 권이 뚝딱 쓸 수 있었던 것이다. 그리고 그렇기 때문에 신명나게 신들린 것처럼 그렇게 글을 쓸 수 있었던 것이다.

그래서 스스로 필자는 이렇게 생각도 하지 않고 글을 쓰는 것이 너무 잘못된 것이 아닌가? 하는 의구심을 잠시 가진 적이 있다. 하지만 그것은 전혀 불필요한 생각이었음을 깨닫게 되었다.

첫 번째 이유는 내가 생각하면서 글을 써 보니까, 아무 전율도, 아무 재미도, 아무 흥분도, 아무 열광도 나오지 않았기 때문이다. 결과적으로 좋은 글을 쓸 수 없었다.

두 번째 이유는 글쓰기는 생각하는 것이 아니라고 분명하게 말하는 동지 의식을 느낄 수 있는 작가를 책을 통해 만날 수 있었기 때문이다.

바로 로버타 진 브라이언트이다.

"생각하는 것은 글쓰기가 아니다. 글쓰기는 머리가 아닌 종이에 낱말을 늘어놓는 것이다."
   < 로버타 진 브라이언트, [누구나 글을 잘 쓸 수 있다], 99쪽 >

필자는 솔직하게 말하자면, 이 대목을 읽고서 그 동안 가지게 되었던 의구심을 완전하게 떨쳐 버릴 수 있었다.

생각하는 것은 글쓰기가 아니며, 심지어 그는 '생각하지 말고 글을 쓰라'고 충격적인(?) 조언도 해 주고 있기 때문이다.

필자는 그런 충격적인 조언을 너무나 좋아한다. 필자가 바로 그런 충격적인 글쓰기를 하고 있는 사람이기 때문이다.

이쯤에서 필자가 느끼고 깨닫게 된 것은 글쓰기도 하나의 습관이며, 기술이라는 사실이다. 그리고 이것은 또한 이런 사실을 잘 말해 준다.

'글쓰기는 하면 할수록 실력이 늘어나는 그런 기술에 불과하다.'

이 말이 중요하다고 생각하는 이유는 글쓰기에 대해서 너무 거창하게 생각하기 때문에 그 어떤 시도도 하지 못하는 그런 사람들보다는 실패를 하더라도 도전하여 한 권의 책이라도 쓴 사람이 훨씬 더 위대하기 때문이다.

- 문법에 너무 매이면 재미가 없다.

작가 지망생들에게 필자가 하고 싶은 말은 너무 문법에 억매이지 말라는 것이다. 문법에 자신이 없다고 작가가 되는 것이 힘들다고 생각하는 사람이 있다면 그것은 가장 어리석은 생각이다.

문법을 하나도 몰라도 작가가 될 수 있기 때문이다. 그것이 가장 중요하다.

생각해 보자. 문법을 가장 잘 하는 사람이 최고의 작가가 아니듯, 문법을 제일 못 하는 사람이 최악의 작가가 아니다. 문법은 그저 우리 끼리 정해놓은 하나의 규칙일 뿐, 위대한 작가들이 반드시 지켜야 할 그 무엇은 아니다.

오히려 문법이라는 구조 안에 자신의 글을 가두기보다는 자유롭게 사고하여 문법을 벗어나서 자유로운 글을 쓰는 것이 더욱 더 예술가의 살아있는 정신을 보여주기에 좋을 뿐만 아니라, 창조적인 사람들은 모두 그렇게 시키지 않아도 저절로 하게 될 것이라고 생각한다.

무엇인가에 얽매이는 순간 자기 자신을 창조성과 천재성을 잃어버리게 된다는 사실을 명심하자.

당신은 천재이고, 창조적인 인간이다. 그렇다면 무엇이 두려운가? 도전하고 즐기고 시도하고 당당히 맞설 뿐이다.

재미있는 사실은 우리가 살아가고 있는 이 시대, 그리고 앞으로 맞이하게 될 가까운 미래에는 더욱 더 이러한 문법 파괴 현상이 발생할 수밖에 없다는 것이다.

 그 이유는 소셜미디어 시대에 우리가 살아가고 있기 때문이다. 그리고 이 시대에는 표현의 경제가 가장 필요한 시대이기 때문이다.

 한 마디로 긴 글을 쓸 수 없다. 트위터는 140자로 한정되어 있다. 페이스북에 긴 글을 쓰면 아무도 읽지 않는다. 아마 몇 번 긴 글을 올리면 그 다음부터는 단 한 사람의 댓글도 없을 지도 모른다.

 짧게 쓰면서 자신의 생각을 표현하기 위해서는 어느 정도의 규칙을 어겨야 하는 것이다.

 " 빅스타일은 메시지가 아닌 글쓰기의 올바른 형식에 집중하도록 만든다. 빅스타일은 글쓰기를 예측 가능하고 우아한 일로 만들어 줄 수도 있지만, 수많은 즐거움을 앗아가기도 한다. 이 시점에서 할 이야기는 아니지만, 당신이 마이크로스타일을 사용할 때 문법과 철자를 반드시 지킬 필요는 없다. 규칙을 어김으로써 표현할 수도 있다. 규칙파괴가 필요조건은 아니지만, 좋은 마이크로스타일에는 즐기는 태도가 필요하다. 맞는지 틀리는지 신경 쓰지 않아도 되는 허가증을 스스로에게 발급하라. 무엇이 먹히고 무엇이 당신 귀에 좋게 들리는지에만 집중하라. 그리고 좋은 이유가 있다면 그대로 밀고 나가 규칙을 어겨라."

< 크리스토퍼 존슨, [마이크로스타일], 209쪽 >

물론 당신은 마이크로스타일을 좋아하지 않을 수도 있다. 하지만 당신은 놀라우리만치 짧아진 메시지의 시대에 살고 있음을 알아야 한다. 당신은 당신이 읽기 위한 책을 쓰는 것이 아니라 이 시대 사람들이 읽을 만한 책을 쓰는 작가가 되고자 한다는 것을 명심하라.

시대를 너무 앞서가는 것도 문제이지만, 시대에 너무 뒤처져서 혼자 뒤에 남겨진 것처럼 살거나 책을 쓰는 것도 절대 안 된다.

조선 시대에 양반은 자전거를 타면 안 된다고 자전거를 타지 않는 것이 과연 옳은 일이었는가를 생각해 보라. 문법을 파괴하라는 말이 아니라, 조금은 자유롭게 당신을 표현하는 것이 더 가치 있는 일일 수 있다는 말이다.

- 글 쓸 때 전율해야 독자들도 전율을 느낀다.

 당신은 독자들에게 읽힐 책을 쓰는 작가인가? 혼자서 글을 쓰기 위한 작가인가? 즉 독자들에게 안 읽혀도 혼자서 글을 쓰는 것만으로도 만족할 수 있는 그런 마음을 비운 작가인가?

 당신이 어떤 부류의 작가이더라도 글을 쓸 때 전율하면서 글을 쓰는 것은 매우 중요하다. 왜냐하면 당신이 독자들에게 읽힐 책을 쓰고 싶다면 반드시 그렇게 글을 써야 하기 때문이고, 동시에 자기 자신만을 위해 글쓰기를 즐기기 위해 글을 쓰는 작가라고 해도 글을 쓸 때 바로 그것 때문에 스스로 즐기면서 글을 써야 하기 때문이다.

 한 마디로 당신이 글을 쓸 때 분노와 우울감에 사로잡혀 세상에서 가장 불쌍한 사람이 된 채로 글을 쓴다면 읽는 독자들도 마찬가지로 그러한 기분이 전달될 것이다. 결국 독자들은 당신의 글을 외면하게 될 것이다.

하지만 당신이 글을 쓸 때 전율하고 신이 나서 신들린 것처럼 글을 쓴다면, 독자들을 누구보다도 더 영리하게 그것을 알아차리고 당신의 글을 찾아서 읽으면서 함께 전율하고, 함께 신이 나고, 함께 신들리는 것처럼 그렇게 당신의 글에 푹 빠져서 글을 읽어 내려 갈 것이다.

생각해 보라. 당신의 글을 신들린 것처럼 푹 빠져서 읽는 독자들의 모습을 말이다. 생각만 해도 가슴이 뛸 것이다.

그렇기 때문에 글을 쓸 때 신이 나서 글을 쓰고, 전율을 느끼면서 글을 쓰고, 신들린 것처럼 글을 쓰는 것이 좋은 것이다.

신이 나서 글 쓸 때 독자도 신이 난다. 글을 쓴다는 것은 독자들과 소통을 한다는 것이다. 그리고 자신을 그대로 보여주는 것이다. 그러므로 당신이 글을 쓸 때의 감정은 글이 좋은 글일수록 그대로 독자들에게 전달되어야 하는 것이다.

글을 쓸 때 전율을 해서 글을 써야 하는 이유가 바로 여기에 있다. 신이 나서 글을 쓰라, 그러면 독자들도 신이 날 것이다. 하지만 슬픔과 우울과 벗이 된 상태로 글을 쓰게 된다면 독자들은 당신의 그 어두운 친구들과 또한 친구를 맺어야 할지도 모른다. 그런 점에서 당신은 독자들을 위해서라도 신이 나서 글을 쓰는 것이 필요하다.

 개그 프로그램은 있어도 그 반대의 개념은 없는 것은 사람들은 모두 즐거움을 본능적으로 추구하는 그런 인간이기 때문일 것이다. 당신이 전율하면 독자들로 전율하면서 당신의 책을 읽을 것이다. 당신이 무기력한 상태에서 책을 쓰게 된다면 당신의 독자들도 또한 무기력해지고 의기소침해 질 것이다.

 무기력해지고 의기소침해지면 그 어떤 행동도 하기가 싫어지게 되고, 당연히 독서도 멈추게 될 것이다. 당신의 책을 읽는 것도 예외는 아닌 것이다.

 - 사고와 학문의 모든 경계를 허물어라.

글을 쓸 때 글을 쓰는 재미와 맛과 힘을 동시에 느끼기 위해서 가장 중요한 사실 한 가지를 알아야 한다. 그것은 절대 진부한 글을 쓰면 안 된다는 것이다.

글이 진부하면 글을 쓰는 재미도 없을 것이고, 글을 쓰는 맛도 느끼지 못 할 것이고, 글을 쓰는 것을 통해 그 어떤 힘도 느끼지 못 하게 되기 때문이다.

글이 진부하게 되지 않기 위해서 무엇을 해야 할까? 글이 진부하게 되지 않기 위해 어떻게 해야 할까?

필자가 조언해주는 것은 필자가 가장 흔하게 사용하는 방법이다. 바로 '사고와 학문의 경계를 넘나들어라'라는 것이다. 그것은 무엇보다 가장 중요한 작가 지침이다.

그 어떤 독자들도 식상한 내용의 글에 열광하지 않을 뿐만 아니라 눈길도 주지 않기 때문이다. 당신이 유명한 유명인사가 아니라면 더 더욱 그러하다.

창조적이고 기발한 책들을 보라. 그런 책들의 저자들은 모두 사고와 학문의 경계를 허물었던 인물들이다. 앨빈 토플러, 피터 드러커, 세스 고딘, 다니엘 핑크, 톰 피터스 베르베르 등이 대표적인 인물들일 것이다.

특히 앨빈 토플러, 피터 드러커는 스스로 독학을 통해 세계적인 학자의 명성을 성취해 낸 인물들이다. 이들은 다양한 주제로, 다양한 분야의 공부를 통해 서로 다른 학문을 연결시켜 결국 세계적인 학자의 명성을 얻게 되었던 것이다.

그리고 그러한 서로 다른 학문의 경계를 허무는 것이 바로 통섭이고, 융합이며, 창조의 본질이라는 사실에 대해 주목해야 할 것이다.

서로 이질적인 사고가 교차될 때, 새로운 창조가 이루어진다. 그렇기 때문에 작가는 어떤 일이 있어도 서로 다른 생각을 다양하고 폭넓게 할 수 있는 사람이 되어야 한다. 그리고 그렇게 할 때 글쓰기도 한층 더 재미있고 신나고 즐겁게 된다.

뿐만 아니라 그렇게 할 때 그런 글이 진정한 힘을 가지게 되는 것이다. 생각해 보라. 진부한 생각, 진부한 내용은 그 어떤 맛도 힘도 과연 있을 수 있을까?

그대가 조금이라도 독자들을 사로잡을 수 있는 글쓰기 혹은 격조 높은 글쓰기를 하고 싶다면 자기 자신의 사고의 틀 속에서 벗어나야 하는 것이 가장 중요하다. 즉 자기 자신의 속에서 탈피하여야 한다.

이 세상은 그 어떤 존재라도 자신의 사고의 틀 속에, 자기 자신만의 작은 세계 안에 갇혀 있는 사람의 말과 글에 흥미를 느끼지 않는 법이다.

최소한 글을 쓰는 작가가 되기 위해서는 자신을 뛰어넘어야 한다. 그래서 너무나 많은 사람들이 작가로서 삶을 성공적으로 살아가는 것이 힘들다고 말하는 것이다.

이런 점에서 작가란 문장력만 뛰어난 사람이 아니다. 이런 점에서 작가란 글만 잘 쓰면 되는 사람이 절대 아닌 것이다. 먼저 작가란 자기 자신을 뛰어 넘어야 할 그 무엇이다. 이것이 필자가 정의한 작가의 의미이다.

하지만 이것은 과거의 정의일 뿐, 다가오는 새로운 미래에 작가의 정의는 너무나 놀랍게, 그리고 급격하게 바뀔 것이다.

어쨌든 지금까지의 작가는 이래야 했다. 자신을 넘어선 다는 것은 결국 외부적으로 볼 때 사고와 학문의 경계를 허문다는 것이다.

사고와 학문의 경계를 허무는 가장 좋은 방법, 가장 쉬운 방법은 발상을 전환하는 것이다. 그렇기 때문에 발상의 전환을 의도적으로 노력하지 않는 사람은 작가가 되기 힘들다. 그리고 발상의 전환을 의도적으로 노력하는 방법 중에 하나는 이 세상의 모든 일들에 대해 항상 의문을 가지는 것이다.

그러므로 작가는 항상 '왜' 라는 질문을 던질 수 있어야 한다. 그러한 '왜' 라는 의문 속에서 한 권의 책이 나오고, 그 한 권의 책을 통해 수 백 권의 책이 탄생할 수 있게 되기 때문이다.

이러한 의문을 품게 되면 좋은 점이 남들이 미처 생각지도 못 했던 것들을 생각할 수 있게 되고, 남들이 미처 깨닫지도 못 한 것들을 깨닫게 되기 때문이다.

 이외수 작가도 자신의 저서를 통해 발상의 전환 없이는 글쓰기의 발전을 기대하지 말라고 말한 적이 있다.

" 의문은 발상을 전환시키는 도화선이다. 끊임없이 의문을 던져라. 참새는 왜 걷지 못할 까, 양심 측정기가 발명되면 어떤 사람들이 가장 강력하게 사용을 반대할 까. 물에 비친 달은 물일까 달일까. 돌고래는 정말로 외계에서 온 지성체일까.
 끊임없이 의문을 던지면서 해답을 탐구하라. 남들이 보는 시각과 똑같은 시각으로 사물을 바라보는 습관을 버려라. 그래야만 남들이 미처 발견하지 못했던 것들을 발견하고 남들이 미처 깨닫지 못했던 것들을 깨달을 수 있다. "
< 이외수, [글쓰기의 공중부양], 64쪽 >

 의문을 가지게 되면 자연스럽게 다양한 분야의 책들을 더 탐독하게 되고 공부를 하게 된다. 그리고 그렇게 되어야 한다. 사고만 의존해서도 안 되고, 지식만 확장해서도 안 된다. 이 세상은 모든 것이 서로 영향을 준다. 그러므

로 잘 다양한 지식, 학문을 공부해야 하는 것과 마찬가지로 다양한 사고도 해야 한다.

이 두 가지 중에 굳이 더 중요한 것을 선택하라면 공부이다. 천재들은 공부가 필요하지 않다. 사색만 하면 되기 때문이다. 하지만 평범한 사람들은 공부가 없이 사색만 하면 그 사고의 폭이 너무나 편협해지고 좁아진다. 그래서 공부를 통해 사고의 폭을 넓혀질 수 있는 토대를 만들어 주어야 하는 것이다.

- 책쓰기를 게임으로, 놀이로 만들어라.

작가가 되고자 하는 사람들에게 가장 하고 싶은 말은 글쓰기를 의무로 생각하거나, 돈벌이나 생계를 위해서 해야만 하는 일로 절대 생각해서는 안 된다는 것이다.

생각해 보라. 글쓰기는 결국 어린아이들이 놀이터에서 노는 것과 같다는 사실에 대해서 한 번 정도는 생각해 보라. 어린 아이들이 놀이터에서 놀 때는 절대 그 어떤 결과에 대해서도 걱정하거나 두려워하지 않는 다.

어린아이들은 놀이에만 집중한다는 것이다. 또한 놀이는 가장 인간을 창조적으로 만든다. 그래서 무엇보다 중요한 인간의 창조 활동이며 자연스러운 활동인 것이다. 그런 점에서 당신이 놀이와 상관없는 삶을 살아가고 있다면 당신에게는 그 어떤 재미도 없고, 그 어떤 창조성도 없다는 사실을 명심해야 할 것이다.

왜 놀이가 중요한 것인지 생각해 보라.

놀이를 자주 하고, 잘 하는 어린아이나 성인일수록 무엇을 해도 창조적이고 사고가 유연하고 업무의 성과도 높고 인간 관계도 원만하다.

유머 감각이 높은 사람일수록 연봉이 높고 업무 성과가 뛰어나다는 사실이 이미 알려 졌다.

글쓰기를 게임이나 놀이로 만들어야 할 필요가 바로 이것이다.

글쓰기의 성과를 높이고, 창조적이고 유연한 글쓰기가

가능하게 되기 때문이다. 하기 싫지만 돈벌이를 위해서 하는 글쓰기는 고통이다. 하지만 게임이나 놀이처럼 글쓰기를 하는 것은 즐거움이고 기쁨이다.

 인간은 즐겁고 기쁘고 신이 날 때 가장 창조적이고 가장 놀라운 능력을 발휘해 낼 수 있는 그런 동물이다.

 2002년 월드컵 때 한국인들은 열정적인 응원을 통해 전 세계를 매료시켰다. 한국인들에게 그런 저력은, 그런 다이내믹한 열정은 어디에 숨어있었던 것일까? 그들을 깨운 것은 과연 무엇일까?

 한 마디로 바로 ' 즐거움' 이었고, '재미'였고, '감동'이었다.

 생계를 위해서 하는 일을 통해서 감동을 받고, 즐거움과 재미를 느끼는 사람은 많지 않다. 하지만 게임이나 놀이를 통해서 감동을 받고, 즐거움과 재미를 느끼는 사람은 적지 않다.

- 살아 숨 쉬는 문장을 쓰는 법은 단순하다.

" 글로 사람의 마음을 훔쳐본 적이 있는가? 기억에 오래 남는 문장의 비결을 아는가? 심리학에 바탕한 글쓰기가 무엇인지 아는가? 세상에는 두 종류의 글이 있다. 어필하는 글과 어필하지 못 하는 글이 그것이다. 읽어도 감흥을 주지 못하는 문장이 있는가 하면, 읽을 때마다 가슴 설레게 하는 문장도 있다. 카피가 사람들에게 서둘러 구매하고 싶은 마음이 들게 한다면 그것은 반드시 히트 상품이 된다."

< 조셉 슈거맨, [첫 문장에 반하게 하라], 5쪽 >

그렇다. 당신은 어떤 글을 쓰는 사람인가? 정확히 말하자면 당신의 글은 어필하는 글인가? 아닌가? 당신의 글을 읽는 독자들에게 그 어떤 감흥을 주는 글을 쓰는 가? 아니면 그 어떤 가슴 설레게 하는 떨림을 주는 글을 쓰는가?

과연 이 차이를 만드는 것은 무엇일까? 그 비결은 무엇일까?

 필자의 견해로는 기교의 문제가 아니라 진실 된 마음의 문제라고 생각이 든다. 진짜 살아 숨쉬는 문장을 쓰는 법은 멀리 있지 않다. 참 된 마음으로 글을 쓰면 된다. 하지만 이것이 가장 힘든 이유는 세상에 대한 욕심과 부와 성공에 대한 집착 때문이다.

 순수한 마음을 가진 종교인들의 글이 최근에 일본이나 한국에서 베스트 셀러를 차지하고 높은 순위를 계속해서 오랫동안 유지하는 이유가 무엇인지 아는 가? 그것이 바로 참 된 마음을 가진 사람이 기교에 의지해서 글을 쓰는 것이 아니라 진심으로 참되게 글을 쓰기 때문인 것이다.

 부와 명예와 세상의 성공에 욕심을 내는 사람은 마음이 그러한 것들로 가득 차 있기 때문에 보석과 같은 글이 나오는 것이 아니라 쓰레기같은 글이 나올 수밖에 없는 것이 아닌가?

 글도 그러한 글은 스스로 자살을 한다. 자신이 살아 숨쉬어야 할 가치가 없는 글이라는 사실을 누구보다 먼저 알고 있기 때문이다. 그래서 글에 힘이 없고, 글이 무미건조할 수밖에 없는 것이 아닐까?

 욕심을 내게 되면 무엇보다 흉측한 냄새가 나게 된다. 글에도 그런 냄새가 옮겨진다는 사실을 알아야 한다. 소설가 한승원작가는 욕심 때문에 흉측한 냄새를 풍기는 현상에 대해 이렇게 설명한 적이 있다.

 " 나이든 주제에 착실하게 공부는 하지 않으면서 이름 낼 욕심, 돈 모을 욕심, 지위 욕심만 내고 거짓말로 남들을 속이기만 하고, 그러면서 자기 혼자만 옳다고 미친 개처럼 짖어대는 사람들이 자주 보인다. 이때 나는 진저리치며 생각한다. 아, 나는 저렇게 흉측한 냄새를 풍기지 않고 살아야지."   < 한승원, [한승원의 글쓰기 비법 108가지], 59쪽 >

 욕심을 내지 않고, 참된 마음으로 순수하게 글을 쓰게 되면, 그 글은 살아 숨쉬고 생동감이 흘러넘치게 된다. 그 결과 그런 글은 힘이 있다. 그래서 독자들에게 감흥을 줄 수 있고, 설렘과 떨림을 줄 수 있는 것이다.

글이든 동물이든 죽은 상태에서는 그 어떤 자극도 주지 못 한다. 하지만 살아 있을 때는 상황이 달라진다. 크든 작든 자극을 줄 수 있고, 영향을 줄 수 있다. 그것이 아무리 작은 떨림이고 하찮은 설렘일지라도 반드시 전해지고 영향을 주게 되어 있다.

 바로 이것이 살아 숨 쉬는 글들이 힘이 셀 수밖에 없는 이유인 것이다.

그래서 소설가 한승원작가도 좋은 글을 쓰려면 먼저 영혼이 순수하고 진실해야 한다는 사실을 강조했지, 기교나 기술을 강조하지 않았다는 사실을 그의 책을 통해 알 수 있다.

" 글에는 그것을 쓴 사람의 진실이 보석처럼 박혀 있기도 하고 허위의 구린내가 만장처럼 너풀거리기도 한다. 진실한 자는 나서지 않고 침묵할 줄 알고 연금술사처럼 기다릴 줄 안다. 진실하지 못한 자는 자기의 진실하지 못함이 드러날까 봐 조급해하고, 진실하지 못함을 변명하기 위해 수다나 너스레를 떨고 넉살을 부린다.

진실하지 못한 글을 아름답게 하기 위해 현란한 수사로 치장을 하게 되면, 그것은 고운 헝겊을 누덕누덕 기워 만든 보자기로 오물을 싸놓은 것처럼 흉한 냄새를 풍기게 된다.

 좋은 글을 쓰려면 먼저 영혼이 순수하고 진실해야 한다."

< 한승원, [한승원의 글쓰기 비법 108가지], 93쪽 >

 살아 숨 쉬는 문장을 쓰고 싶다면 먼저 자신의 영혼이 살아 숨 쉴 수 있게 해 주어야 한다. 영혼은 순수하고 진실 될 때 살아 숨 쉴 수 있다. 그리고 그것이 당신이 향기롭게 글을 쓸 수 있는 유일한 길이다.

 "모름지기 글을 잘 쓰려면 마음속에 착함과 진실됨이 담겨 있어야 한다. 다음은 글쓰기에 미쳐야 한다. 미친다는 것은 그것이 아니면 죽는다는 생각으로 매진한다는 것이다. 글을 쓰되 그 글을 자기 생명처럼 사랑해야 한다. 글을 써가는 과정을 즐기고, 쓴 다음 다시 읽어보고 또 다른 즐거움을 맛보았다면 그 글은 틀림없이 독자의 감동을 얻어낼 수 있는 좋은 글이 될 터이다."   < 한승

원, [한승원의 글쓰기 비법 108가지] >

맑고 진실 된 글쓰기가 결국 독자들의 마음을 사로잡는 것이다. 베스트셀러 작가가 되기 위해, 돈을 많이 벌기 위해, 유명해지기 위해 글을 쓸 때는 절대 독자들을 감동시킬 수 없다. 그래서 그러한 목표에서 더 멀어지게 되는 것이다.

맑고 진실 된 마음을 가졌다면, 그 다음에는 글쓰기에 오롯이 미쳐야 한다. 그렇게 미칠 때 위대한 글쓰기가 구현될 수 있다. 최소한 무엇인가에 미치지 않고서 무엇인가를 이루어 낸 사람은 단 한 사람도 없다는 사실은 결코 과장된 말이 아님을 필자는 확신한다.

- 글을 잘 쓰기 위해 집중해야 할 두 가지 사실.

당신이 최고의 작가가 될 수 있는 방법을 공개하고자 한다. 너무 놀라지는 말라. 단순히 방법은 가능할 수 있는 하나의 방법일 뿐이다. 당신이 최고가 될 수 있는 방법은 이 세상에 유일하게 단 한 가지는 아니라는 점을 함께 명심해 주기 바란다.

첫째. 당신이 쓴 첫 문장이 독자로 하여금 도저히 읽지 않으면 도저히 견딜 수 없게 만들라는 것이다.

둘째. 당신이 쓴 글들을 독자로 하여금 계속해서 읽게 만드는 것이다. 한 마디로 독자들로 하여금 당신의 글에 중독이 되게 하는 것이다.

당신이 그렇게 만들기 위해서는 강력한 글쓰기를 할 수 있어야 한다. 강력한 글쓰기는 한 마디로 독자들에게 강한 인상을 남기는 글쓰기이다.

모든 중독의 본질은 쾌감의 강렬하고 짜릿한 인상이다. 마약과 같은 그런 강렬한 인상을 독자에게 줄 수 있으면 당신은 이미 성공한 작가와 다를 바 없다. 독자들은 당신을 잊지 못 하기 때문이다.

위대한 대문호의 글들을 읽어 보라. 그들의 글에는 강렬한 인상이 있다. 그래서 그 작가들을 당신은 이 세상이 수많은 작가들보다 먼저, 그리고 오래, 그리고 영원히 기억하게 되는 것이다.

 문제는 강렬한 인상을 독자들에게 주는 글을 어떻게 당신이 쓸 수 있는 가 일 것이다. 그 방법은 이 세상에서 당신에게 직접 가르쳐 줄 사람은 단 한 사람도 없다. 당신에게 가장 좋은 방법은 당신만이 알고 있기 때문이다.

 헤밍웨이와 스타인벡과 같은 작가들은 독자들에게 강렬한 인상을 주기 위해서, 즉 좋은 글을 쓰기 위해서 직접 모험을 했다. 그리고 나서 그들은 위대한 글을 쓸 수 있었다.

 셰익스피어와 스티븐 킹은 생활고로 비참한 생활을 하면서 수많은 직업들에 전전해야 했다. 하지만 그러한 인생의 밑바닥 경험이 그들로 하여금 독자들에게 강한 인상을 남길 수 있었다.

 그들의 글들이 살아 숨 쉬는 이유가 바로 이것이다.

 당신이 강렬한 인상을 남길 수 있는 작가가 되고 싶다면 다양한 경험을 해야 한다. 당신이 이미 다양한 경험을 했다면 그것보다 더 좋은 것도 없겠지만, 당신이 살면서 경험한 것은 시대와 장소에 제약을 받은 한정적인 경험에 불과하다는 사실을 알아야 한다.

 최고의 경험을 쌓는 최고의 방법은 엄청나게 많은 다양한 책들을 읽는 것이다. 그것이 가장 작은 시간과 작은 노력과 작은 투자로 가장 많은 경험을 할 수 있는 최고의 방법인 것이다.

 바로 이런 이유에서 중국의 시성 두보는 '만 권의 책을 읽으면, 글을 쓰는 것이 신의 경지에 이르게 된다.'고 말을 했던 것이다.

 만 권 정도의 책을 읽은 사람은 남들이 상상도 하지 못하는 다양한 경험과 인식을 갖추게 된다. 그렇게 엄청난 경험과 의식이 최고의 글을 쓰는 데 가장 중요한 토대가 되어 준다고 필자는 생각한다.

 하지만 경험만 무조건 풍부하다고 좋은 작가가 될 수 있는 것은 절대 아니다. 뿐만 아니라 엄청난 책을 읽고 엄청난 경험을 가지고 있다고 해도 더 더욱 최고의 작가가 되는 것은 아니다.

 최고의 작가가 되기 위해서는 한 가지 더 필요한 것이 있다. 그것은 바로 누구에게 이야기를 할 것인가에 대한 확실한 분석이 있어야 한다는 것이다.

 다시 한 번 말하자면, 최고의 작가가 되는 방법은 독자들에게 최고의 인상을 심어 주어야 한다. 최고의 인상을 받은 작가에게 독자들은 중독이 되어, 팬이 되기 때문이다. 결국 확고한 팬들이 많은 작가들이 최고의 작가인 셈이다.

 그런데 최고의 인상을 독자에게 심어 주기 위해서는 독자에 대해 깊게 넓게 제대로 분석해야 하는 것이 반드시 필요하다.

 사람마다 취약한 부분이 다르고, 열광하는 부분이 다르기 때문이다. 당신이 당신의 글의 독자들로 생각하는 사람들에 대해 잘 알면 알수록 당신은 그들의 마음에 쏙 드는 글을 쓸 수 있게 된다.

그런 점에서 당신이 최고의 작가가 되기 위해서는 두 가지 핵심에 집중해야 한다.

첫 번째는 당신 자신이다. 당신 자신의 경험, 의식, 사고를 향상시켜야 한다. 최소한 독자들에게 많은 영향력을 주기 위해서는, 그들의 인생을 바꾸기 위해서는 그들보다 더 많은 경험을 해야 하고, 더 높은 의식을 길러야 하고, 그들보다 더 폭 넓고 유연하고 창조적인 사고를 해야 한다.

두 번째 당신이 집중해야 하는 핵심은 당신의 글의 독자가 되어줄 사람들이다. 독자들에 대해 정말 잘 알고 있고, 많이 알고 있고, 그들의 심리를 꿰뚫어 볼 수 있는 작가가 되면 그들을 훨씬 더 쉽게 더 많이 그들의 마음을 사로잡을 수 있는 글을 쓸 수 있기 때문이다.

고대 중국의 병법서인 [손자병법] 〈모공편(謀攻篇)〉에 나오는 말인 '지피지기백전불태[知彼知己百戰不殆]'란 말이 글쓰기에도 그대로 적용된다고 필자는 생각한다.

즉 독자를 알고, 자기 자신을 알고 나서 글을 쓴다면 백 권의 책을 쓴다 해도 절대로 위태롭게 되지 않을 것이다.

제5장. 책쓰기에도 전략이 있어야 한다.

" 글은 누구나 쉽게 이해할 수 있어야 하며, 간결한 문체와 적절한 표현은 훌륭한 글쓰기의 첫걸음이다. 그러나 장황하게 단어들만 나열하는 글은 읽는 사람의 눈을 어지럽게 할뿐더러 특히 남의 글을 표절하는 행위는 일종의 강탈이며 범죄행위이다. 그러므로 글쓴이의 고유한 문장과 문체는 소박한 정신과 순수한 신념으로 구축되는 건축물과 같다."

< 쇼펜하우어, [문장론] 중에서 >

- 모든 책에는 전략이 있어야 한다.

" 글을 쓴다는 것은 그냥 일상을 기록한다는 것이 아니다. 생각 없는 일상의 기록은 우리 삶의 현상에 대한 기록일 뿐이다. 눈앞에 드러난 현상을 볼 뿐 진실을 보지 못 한 글이라면 읽을 가치가 없다.

글쓰기는 독자에게 질문하기이다. 바로 이것이 우리들

삶의 진실 아닐까요, 하는 질문.

 삶 속에서 진실을 찾아내는 것은 그것을 찾아내려는 자의 항심여하에 달려 있다. 글을 잘 쓰려면 항심의 날을 날카롭게 벼려야 한다. 글 쓰는 자의 항심이란 무엇일까. 진실이 어디에 있는지 항상 주의 깊게 살피고 성찰하는 가슴이다. "   < 한승원, [한승원의 글쓰기 비법 108가지], 99 ~ 100 쪽 >

 모든 글에는 전략이 있어야 한다. 그러한 전략은 글쓰기를 통해 자신을 더욱 더 확실하게, 그리고 더욱 더 넓게 표현하기 위한 최고의 수단이어야 한다. 하지만 그것이 과장되고 포장되어서는 안 된다.

 진실한 전략을 통해 자신의 글이 좀 더 많은 이들에게 읽히는 것은 굉장히 바람직한 것이 될 것이다.

그렇다면 어떤 전략이 글 쓰는 사람에게는 필요할까? 비즈니스 전략과는 조금은 달라야 한다. 그래서 비즈니스 전략가들이라고 해서 글을 잘 쓸 수 있는 것은 아닌 것이다. 글쓰기의 전략은 자기 자신에게서 비롯되어야 한다는 점이 비즈니스 전략과는 다른 차원의 전략이 필요하다고 할 수 있다.

 비즈니스의 전략은 초점은 외부의 자원과 경쟁자들이다. 하지만 글쓰기의 전략은 자기 자신의 사고와 자기 자신의 의식이다, 의식과 사고가 남달라야 남들이 보지 못하는 것을 볼 수 있게 된다.

그것이 바로 글쓰기의 최고의 전략이다. 글쓰기의 최고의 전략은 절대 외부에서 구하는 것이 아니다.

 글쓰기의 완성은 결국 자기 자신에게 달려 있는 것이다. 비즈니스의 완성은 그렇지 않다. 비즈니스의 완성은 계약을 해 주는 타 회사와 물건을 구입해 주는 소비자들에게 달려 있다. 하지만 글쓰기의 모든 전략은 자신의 머리에서 시작되어 결국 자신의 손끝에서 완성되어야 하는 것이다.

 당신은 어떤 전략으로 글을 쓸 것인가? 당신은 무엇을 최고의 전략으로 삼을 것인가?

필자가 조언해 주고 싶은 글쓰기의 전략은 당신의 사고이다. 하지만 그냥 사고가 아니다. 그것은 '수평적 사고' '통합적 사고' '입체적 사고'이다,

모든 작가는 사고가 남달라야 한다. 그래야 다른 사람들이 보지 못 하는 것들을 발견해 낼 수 있기 때문이다. 그리고 그러한 발견은 결국 좋은 글쓰기의 재료가 되고, 내용이 되고, 피가 되고 살이 된다. 그러한 피와 살이 부족할수록 글쓰기에는 전략이 부재할 수밖에 없게 되는 것이다.

글쓰기의 모든 전략이 당신의 사고에서 비롯되어야 할 이유가 바로 이것이다.

결론은 '수직적인 사고' '평면적인 사고'만 할 줄 아는 사람들은 절대 작가가 될 수 없다. 쓸 재료가 절대적으로 부족하기 때문이다. 아무리 힘들게 글을 쓴다고 해도 이런 작가들이 쓴 글을 읽고 어떤 독자들도 망치로 머리를 얻어맞은 듯한 그런 강렬한 충격을 받지 않기 때문이다.

거꾸로 말해서, 수직적인 사고를 하는 사람은 아무리 열심히 노력해서 글을 쓴다 해도 단 한 사람의 독자라도 사로잡을 수 없다. 인간은 절대로 자신이 생각해 낼 수 있는 생각들로 가득 찬 글을 읽고 감탄하지 않기 때문이다.

수평적인 사고, 입체적인 사고, 통합적인 사고를 할 줄 알아야 좋은 글을 쓸 수 있는 이유가 바로 이것이다. 독자들로 하여금 감탄하게 만들 수 있는 그런 글을 쓸 수 있는 사람은 사고가 남다른 사람들이다. 그리고 그것이 바로 혁신인 것이다.

그래서 글쓰기의 최고의 전략은 새로운 시각에서 새로운 것을 발견하고 새로운 것을 깨닫는 것에서 비롯된다. 물론 그것도 자기 자신의 사고와 새로운 시각에 전적으로 의지해야 하는 것이다.

새로운 발견은 결국 새로운 것을 만드는 것이 아니라 새로운 시각을 가지는 것에서 비롯되는 것이다. 작가에게는 모름지기 이러한 새로운 시각이 항상 필요하다. 그것이 작가가 가져야 할 항심인 것이다.

- 순서만 바꾸어도 전혀 다른 문장이 된다.

" 형상화시키기 위하여 묘사적인 서술을 한답시고 글을 지리멸렬하게 써서는 안 된다. 모든 글은 속도감 있고 긴박하고 재미있지 않으면 안 된다. 창조적이어야 하고 진리가 담겨 있어야 한다." < 한승원, [한승원의 글쓰기 비법 108가지], 206쪽 >

 더 나은 글쓰기를 넘어서 최고의 글쓰기를 원하는 작가 지망생들이 있다면 반드시 한 가지 사실을 추가로 명심해 두는 것이 매우 유익할 지도 모르겠다. 필자가 생각하는 그 한 가지 사실은 '모든 문장은 순서만 바꾸어도 전혀 다른 문장이 되고도 남는다'는 사실이다.

 그런데 이 말을 명심하면서 이 말을 전혀 다른 의도로 해석하는 사람들이 대부분이다. 필자가 하고 싶은 말은 제발 단어 순서를 바꾸지 말라는 것이다.

 좀 더 정확한 표현을 위해서 단어 순서를 바꾸는 것은

상관없지만, 좀 더 잘 묘사하기 위해서, 좀 더 잘 형상화 하기 위해서, 좀 더 아름다운 문장을 만들기 위해서, 좀 더 멋진 문장을 만들기 위해서 절대로 순서를 바꾸는 잘못을 저지르지 말라는 말이다.

그렇게 하는 것은 대단한 헛수고가 아니라 그 이상의 해악이다. 백해무익이란 말을 과거에 많이 들었던 적이 있었다. 그런데 필자가 생각하기에 바로 이 경우를 두고 하는 말이라는 생각이 든다.

많은 사람들, 심지어 전업 작가들, 그리고 심지어 위대한 작가들조차 좀 더 잘 묘사하기 위해, 좀 더 멋지게 묘사하기 위해, 좀 더 아름답게 묘사하기 위해, 좀 더 잘 형상화하기 위해 문장의 순서를 바꾸고, 단어의 순서를 바꾼다.

하지만 필자는 이것에 반대한다. 아니 절대로 반대한다. 그 이유는 한 가지이다,

그렇게 할 때 십중팔구는 글이 지리멸렬해 지기 때문이다, 다시 말해 죽도 밥도 아닌 그런 글이 되어 버린다는

것이다. 작가는 죽도 되고, 밥도 되는 그런 완벽한 글을 쓰기 위해 이리 고치고 저리 고치고 이리 바꾸고 저리 바꾸었지만 결과적으로 이것도 아니고 저것도 아닌 그런 글이 되어 버린다는 것이 필자의 생각이다.

 그렇기 때문에 글쓰기의 가장 바람직한 방법은 속도감과 긴박감과 즐거움이 잘 조화된 상태에서 그 행위를 하는 것이다.

 그런 점에서 작가는 뛰어난 혁신가여야 하고, 모든 사람들의 사고를 뛰어넘는 위대한 사상가여야 한다. 그렇게 되었을 때 비로소 창조적인 글쓰기가 가능하며, 그 글 속에 진리가 담겨 있게 되기 때문이다.

 새로운 생각, 새로운 내용, 새로운 사실, 새로운 스토리, 새로운 느낌, 새로운 세계를 펼쳐 열어 보여 줄 수 있어야만 독자들은 놀라게 되고, 그 충격에 사로 잡히게 되어 있고, 당신의 글의 마니아가 되어 주는 것이다.

 -첫 문장에 반하게 하는 방법.

모든 작가들이 가장 먼저 고민해야 할 것이 바로 이것이다. 당신의 첫 문장에 독자들이 반하게 하는 방법에 대한 고민이다.

한 가지 힌트는 강렬해야 한다는 것이다. 강렬하기 위해서는 당연히 짧고 간결해야 한다. 그리고 그 메시지가 조금은 도발적인 것이어야 한다.

한 마디로 '굵고 짧게 쓰라'는 것이다. 베스트셀러가 된 작품들을 보라. 강한 인상을 순식간에 준다. 그리고 무엇보다 짧고 간결하다.

짧고 간결해야 하는 이유는 그래야 독자들이 쉽게 접근할 수 있고, 쉽게 이해할 수 있고, 쉽게 빠져들 수 있기 때문이다.

첫 문장만 짧고 간결해야 하는 것은 절대 아니다. 모든 글은 짧고 간결하게 쓸 수 있어야 하고 그렇게 쓰기 위해 노력할 필요가 있다.

긴 호흡을 원하는 독자들은 없다. 힘들기 때문이다. 문장이 너무 길면 긴 호흡이 필요하다. 이것은 쓰는 사람이나 읽는 사람이나 양 쪽을 모두 힘들게 할 뿐만 아니라 가장 중요한 소통이 어려워지게 복잡하게 해 준다.

대부분의 평범한 사람들은 글을 쓸 때 가장 큰 실수를 하는 부분이 바로 이 부분이다. 대부분의 평범한 사람들은 대체로 글을 길게 쓴다. 그리고 그 이유는 자꾸 무엇인가를 장황하게 설명하고 이해시키려고 하기 때문이다.

하지만 작가는 달라야 한다. 작가는 독자들에게 이해를 선사하기 위해 글을 쓰는 사람이 아니라 느낌을 선사하기 위해 글을 쓰는 사람이 되어야 한다.

즉 작가는 설명하려고 해서는 안 된다. 보여주려고 해야 한다. 독자들이 바로 그 장소에, 그 현장에, 그 사건에, 그 상황에 놓이게 해서, 직접 경험하고 눈으로 보고 귀로 듣고 온 몸으로 느낄 수 있도록 해 주어야 한다.

그래서 짧은 문장이 더욱 더 유리한 것이다. 짧은 문장일수록 보여주는 것에 가깝기 때문이다. 하지만 설명하기 위해서는 짧은 문장이 아니라 긴 문장을 자연스럽게 선호하게 된다.

좀 더 지나치게 표현해서 글을 쓰는 사람이란 짧은 문장과 짧은 문장을 많이 쓰는 사람이다. 그리고 그것을 연결시키는 것이 작가의 최고의 임무인 것이다. 그런 점에서 작가는 책을 쓰는 사람이 아니라 문장을 쓰는 사람이다.

[글쓰기의 영도]란 책을 통해 프랑스 지성계에 자신의 존재를 알린 프랑스의 소설가였던 롤랑 바르트에 의하면 플로베르는 '소설을 쓴 것이 아니라, 문장과 문장을 연결한 것에 불과하다'는 것이다.

이 말의 의미를 곱씹어 보라. 모든 책은 수많은 문장으로 이루어질 뿐이다. 그러므로 문장들이 힘이 있고, 간결하고, 강렬하다면 그 책은 그런 것이다. 하지만 문장이 길고 가늘다면 독자들에게 그 어떤 힘도, 느낌도, 인상도 주지 못 하게 된다.

첫 문장에 독자들의 관심이 생길 수 있는 메시지를 강렬하게 주어야 한다. 마치 광고 카피처럼 말이다. 광고 카피는 한 눈에 고객의 마음을 움직이게 해 준다. 호기심을 자극하고, 강렬한 메시지를 줄수록 성공적인 광고 카피 문구가 된다.

첫 문장은 어느 정도 광고 카피와 같은 속성을 가져야 한다. 첫 문장이 바로 그 책을 대변하는 '광고 카피'의 역할을 해야 하기 때문이다.

그래서 첫 시장이 매우 중요한 것이다. 첫 문장을 읽고 식상해 버리거나 그 어떤 감흥도 느끼지 않은 독자들은 십중팔구 그 책을 끝까지 읽지 않을 것이다. 하지만 첫 문장에 강렬한 인상을 받은 독자들은 그 책을 끝까지 읽을 공산이 높아진다. 하지만 그 책을 끝까지 읽게 만드는 것은 첫 문장의 기능과 역할을 벗어나는 일이다.

첫 문장의 소명은 독자들이 첫 문장에 반하게 하고 강렬한 인상을 가지도록 하는 것이다. 그리고 그것이 되었다면, 그 다음의 몫인 끝까지 읽게 만드는 것은 그 다음의 수많은 문장들과 스토리와 또 다른 책의 요소들에 맡겨야 한다.

- 흥미를 끌 수 있는 한 방이 있어야 한다.

독자들을 사로잡기 위해서는 반드시 한 방이 있어야 한다. 한 방이 없을 때 독자들은 지치고 식상해 하고 실망을 하게 된다.

독자들이 왜 당신의 긴 글인 당신의 책을 읽는 지 아는가?

자기 자신을 녁 다운 시켜줄 무엇인가를 만나고 읽기 위해서이다. 그리고 그것이 바로 '한 방'이다. 독자들은 당신의 글을 통해 큰 거 한 방을 맞기를 원하기 때문에 당신의 책을 읽는 다.

그것이 소소한 즐거움일수도 있지만, 그것보다는 좀 더 강렬한 그 무엇이기를 원하다. 그래서 독자들이 책을 읽다가 강렬한 그 무엇인가를 만나게 되면, 머리에 충격을 받고, 머리가 띵해지기도 한다. 하지만 독자들은 바로 그러한 것을 원하기 때문에 책을 읽는 것인지도 모른다.

베스트셀러나 고전을 막론하고 독자들이 많이 읽는 책

은 반드시 독자들을 감동시킬 한 방이 숨어 있다. 독자들은 숨어있는 바로 그것을 찾기 위해 책을 통해 숨바꼭질을 작가와 함께 하는 것이다.

 작가는 책이라는 보물섬을 만들고, 독자는 작가가 만들어 놓은 그 책이라는 보물섬에서 보물을 찾고자 한다. 하지만 문제는 작가가 그 보물섬에 독자들이 보물이라고 생각할 수 있는 한 방을 숨겨 놓지 않으면 독자들은 힘들게 책을 다 읽은 후에 책과 독자를 욕할 수밖에 없는 상황이 된다.

 시간과 에너지를 낭비했다는 생각이 들고, 책값이 아까운 심정이 들기 때문이다. 그런 점에서 작가의 최고의 의무는 독자들로 하여금 책이라는 보물섬에서 보물을 마음껏 발견하고 만족할 수 있도록 보물들을 책 속에 심어놓는 일이다.

 그것은 큰 거 한 방일수도 있고, 소소한 작은 보물들일 수도 있다. 하지만 어쨌든 보물들을 반드시 심어 놓아야 한다는 사실은 변함이 없다. 어떤 종류의 보물이 될 것인지, 몇 개의 보물일지는 작가의 몫이다.

어떤 노래라도 핵심 메시지가 있고, 절정의 순간이 있다. 책도 그와 비슷해야 한다. 밋밋한 책일수록 한 방이 없는 책이다. 큰 거 한 방이 있는 책일수록 독자들을 쉽게 사로잡을 수 있다.

바로 이런 이유 때문에 독자들을 사로잡기 위한 글쓰기를 하기 위해서는 독자들을 반드시 고려해야 하는 것이다. 바로 이런 이유 때문에 출판사들은 시장 조사를 통해 독자들이 어떤 것에 매료되고, 어떤 것에 크게 한 방을 먹는 것인지를 파악하는 것이다.

- 호기심을 먼저 자극하고 빠져들게 하라.

어떤 것을 하더라고 호기심을 자극하는 것은 중요하다. 그것이 제일 우선 조건이다. 독자들의 호기심을 자극하지 못 하는 책들은 절대 독자들에게 선택을 받을 수 없고, 읽힐 수 없다.

냉혹한 현실이지만 이것이 현실이다. 그래서 출판 시장

에서도 빈익빈 부익부가 그대로 나타나는 것이다. 당신의 책이 독자들을 사로잡을지, 그렇게 하지 못 할지를 결정하는 것은 당신의 책 내용에서 결정 되는 것이 아니라 당신의 책이 독자들의 호기심을 얼마나 강렬하게 자극할 수 있느냐 없느냐에서 결정 된다는 사실을 명심하라.

인간은 배고픈 것은 참아도, 궁금한 것은 못 참는 동물이다. 그렇기 때문에 당신의 글쓰기는 반드시 독자들을 궁금하게 만들어야 한다.

생각해보라. 독자들은 반드시 당신의 책을 읽어야 할 이유가 없다. 이 세상에는 너무나 많은 작가들의 너무나 많은 책들이 존재하기 때문이다. 그래서 당신은 독자들이 반드시 당신의 책을 읽어야 하는 이유를 스스로 만들어야 한다.

당신은 무엇으로 독자들이 당신의 책을 반드시 읽어야만 하도록 만들 것인가?

그것은 바로 독자들의 호기심을 자극하는 일이다. 호기심을 자극하면 독자들은 읽지 말라고 해도 읽게 된다.

바로 이런 이유에서 인간은 '읽어서는 안 되는 책들을 더 많이 읽는 존재'인 것이다. 그러므로 당신은 당신의 책에 호기심을 자극하는 요소를 가미시켜야 할 뿐만 아니라 호기심을 자극하는 요소를 노출 시켜야 한다.

이것은 당신을 그대로 있는 그대로 노출시키기 위해서, 먼저 해야 할 필요가 있는 포장이라고 생각해야 한다. 그런 점에서 진정한 포장은 연출이 아니라 다른 종류의 것들의 노출이라고 할 수 있다.

독자들의 호기심을 자극하는 스토리가 무엇인지, 요소가 무엇인지, 시대의 트렌드가 무엇인지, 이슈가 무엇인지, 독자들의 관심거리가 무엇인지, 독자들의 성향은 무엇인지, 독자들이 가장 궁금해 하는 것은 무엇인지에 대한 명확한 답을 발견하는 것이 매우 중요하다.

만약에 이러한 것들을 누구보다 잘 발견해 낼 수 있다면 당신은 독자들을 반드시 사로 잡을 수 있게 된다. 그러므로 이러한 질문들에 대해 생각하고 고민을 하고 많은 사색을 해야 할 필요가 있다.

- 남들과 다르다는 것을 느낄 수 있게 하라.

" 작가란 한 걸음 떨어져 있는 사람이다. [델의 농부]에 등장하는 치즈처럼 말이다. 책 속에서 치즈는 유일하게 인간도 동물도 아니면서 그들 사이에 가만히 홀로 존재하는 캐릭터이지만 단순한 소품이나 배경의 자리에 머무르지 않고 결국 나름의 역할을 한다. 그처럼 당신은 아웃사이더이지만, 멀리 떨어져서도 당신의 망원경으로 모든 것을 눈앞에 있는 것처럼 볼 수 있다. 당신이 할 일은 당신의 관점을 명백하게 드러내면서, 당신이 목격한 사실을 기록하는 것이다."
< 앤 라모트, [글쓰기 수업], 172쪽 >

작가가 본질적으로 남들과 달라야 한다. 최소한 지금까지는 그렇다고 할 수 있다. 하지만 이러한 전제가 영원히 변치 않는 것은 절대 아니다. 어디까지나 지금까지이다. 하지만 이러한 전제는 이제부터 달라질 가능성도 없지 않다. 아니 오히려 그 가능성은 더 커진다고 할 수 다.

생각해 보라. 과거 중세 시대 글을 읽고 쓸 수 있는 사람들은 극소수였다. 그들은 일반 평범한 사람들과 다른 사람들, 특수한 권력을 가진 자들이거나 소수 지도층이었다. 하지만 어느 순간부터 글을 읽고 쓸 수 있는 사람들이 남들과 특별히 다른 사람들이 아닌 시대가 열렸다.

그리고 지금까지는 글을 쓰는 작가, 그런 직업을 가진 사람들은 남들과 달라도 어딘가 다른 사람들이었다. 그들은 마치 이 세상을 그저 관조하는 사람처럼 여겨진다. 남들보다 좀 더 특별하고 풍부한 상상력을 가진 사람들이거나 남들보다 좀 더 똑똑하고 영리한 사람들처럼 여겨졌다.

그렇기 때문에 당신도 남들과 다른 그 무엇인가를 가지고 있어야 한다. 최소한 지금까지는 말이다. 물론 앞으로 다가올 미래는 작가와 독자의 경계가 점점 더 허물어지게 될 것이라고 예측한다. 그래서 그런 미래 예측서를 집필하고 있다. 하지만 지금까지, 바로 이 시대에 작가가 되고자 하는 작가 지망생들은 반드시 남들과 다르다는 것을 독자들에게 보여 줄 수 있어야 한다.

아직까지는 독자들은 자신과 다른 사람을 좋아한다. 영

웅이나 천재, 혹은 특별한 재능을 가진 사람들의 이야기를 좋아한다. 하지만 이것은 지금 변해 가고 있다는 사실도 알아야 한다. 평범한 사람들의 이야기를 더 좋아하게 되는 미래가 올 수 있다. 그런 시대가 오면 당신은 작가가 되려고 노력할 필요도 없어진다. 누구나 글을 읽고 쓸 수 있는 시대에 글을 읽고 쓰기 위해 특별히 남들보다 더 많은 노력을 기울이지 않아도 그것을 할 수 있기 때문이다.

미래에는 그런 시대가 생각보다 빨리 올 것이라고 예측한다. 누구나 작가가 될 수 있는 그런 시대가 말이다. 하지만 지금은 그런 시대가 아니다. 그러므로 남들과 달라지기 위해 노력해야 하고, 남들과 다른 그 사실을 독자들에게 어필해야 한다.

이 세상에는 두 종류의 작가가 있다.

세상에 어필하는 작가와 어필하지 못 하는 작가다. 그 차이가 무엇이겠는가? 바로 남들과 다른 차이점을 가지고 있는가이다. 당신에게는 그런 차이점이 있는가? 글만 잘 쓴다고 작가가 될 수 있을 것이라고 생각하는 것은 너무 큰 오산이다. 오히려 글을 못 쓰지만, 작가가 된 사람들이 적지 않다. 그 이유는 바로 남과 다른 차이를 가지고 있기 때문이다.

당신이 작가가 되고 싶다면, 그리고 당신의 글에 사람들이 관심을 기울이도록 하기 위해서는 무엇보다 남들과 달라야 하고, 다른 작가들의 작품과도 달라야 한다. 그것이 마케팅의 전부가 되게 해야 한다.

생각해 보라. 하루에 100권 이상의 새로운 책이 출간된다. 그리고 이미 서점에는 새로운 신간 서적들로 차고 넘친다. 그리고 이미 유명한 1%의 작가들의 책들이 독자들의 80% 이상을 사로 잡고 있다.

당신의 책이 출간된다고 해도, 서점의 구석에서도 찾아보기 힘들다는 것을 명심하라. 서점에는 비싼 세금을 내고, 장소를 빌리거나 만들어야 한다. 잘 팔리는 책을 전시할 것이다. 당신의 책은 절대로 전시해 주지 않는다. 다만 당신의 책이 남들과 다른 극적인 차이가 있다면 모른다.

그러므로 당신, 특히 작가가 되고자 하는 작가 지망생이거나 혹은 단 한 번도 책을 출간한 적이 없는 당신이라면, 그리고 유명인사도 아니고 엄청난 업적을 달성해서 세상이 주목하는 그런 사람도 아니라면 더 더욱 당신에게 필요한 것은 극적인 차이여야 한다.

 극적인 차이에는 다양한 것들이 있다. 엄청난 업적, 엄청난 인생, 엄청나게 특별한 삶, 이 세상에서 그 어떤 사람도 한 번도 하지 못 한 일을 하는 것, 이 세상에서 그 어떤 사람도 생각해 내지 못 한 것을 상상해 내고 발명하고 창조하는 것, ... 당신에게는 그 어떤 특별한 극적인 차이가 있는가?

 보라. '죽음의 수용소'의 저자처럼 지옥의 수용소에서 살아남았는가? 보라. 당신은 다산 정약용 선생처럼 복사뼈가 세 번이나 구멍이 뚫릴 만큼 지독한 공부를 했던 극적인 경험이 있는가? 보라. 당신에게는 공자처럼 위편삼절의 경험이 있는가? 보라 당신에게는 나폴레옹처럼 위대한 정복자의 모습이 있는가?

 만약에 당신에게 이러한 극적인 차이가 없다면? 없다면

만들어라. 있다면 그것을 선전하고 그것을 알리고 그것을 글로 쓰라. 그것이 당신이 독자들을 사로잡는 최고의 방법이다.

- 명확한 메시지가 있어야 한다.

 당신의 글이 독자들의 마음을 사로잡게 하는 또 다른 방법 중에 하나는 명확한 메시지를 전달하는 것이다. 이 세상은 복잡한 세상이다. 그래서 명확하고 단순한 진리에 사람들은 열광한다. 자신이 살아가고 있는 세상과 다른 세상을 선호하기 때문이다.

 복잡한 세상에 살면서 많은 사람들은 복잡하고 애매모호하고 혼란스러운 상황에 지쳐가고 있고, 식상해 하고 있다. 그런 혼란 속의 사람들에게 단순하고 명쾌한 메시지를 던져 줄 수 있다면 당신은 이미 위대한 작가로 도약할 준비가 되어 있는 작가이기도 하다.

 당신이 해야 할 일은 이것이다. 복잡한 세상 사람들에게 단순하고 명쾌하고 명확한 한 가지 메시지를 던져 주는 것이다. 당신에게는 이러한 메시지가 있는 가?

 세상에 던져 주고 싶은, 그리고 그럴만한 가치가 있는 그런 명확한 메시지가 있는가?

 그 메시지가 간단하고 명쾌하고 명확할수록 세상 사람들은 당신의 메시지에 빠져 들게 되어 있다. 그리고 그 메시지가 진정 사람들과 세상에 가치있는 것일수록 당신의 메시지는 더 넓게 더 많이 더 빨리 세상 속으로 퍼져 나가게 되어 있다.

 문제는 그러한 메시지를 당신이 진정 가지고 있느냐 하는 것이다.

 이러한 메시지가 없으면서도 글을 쓰는 사람들은 자기 자신을 기만하는 것이고, 세상을 또한 기만하는 것이 된다. 그래서 사이비 작가, 가짜 멘토 들이 이 세상에 넘쳐 나는 것이다. 세상의 젊은이들이 특히 작가들의 화려한 외양만 보고, 멘토로 존경을 하는 사람들 중에 보면, 정말 아무것도 없는 사람, 즉 메시지가 아무것도 아닌 사람들이 적지 않다.

그 메시지는 자신의 인생을 토대로 만들어야 하기 때문에 아무나 쉽게 만들어 낼 수 없다. 그리고 그 메시지는 스스로 지독한 공부를 해야만 만들어 낼 수 있기 때문에 시류에 편승하는 책을 몇 권 출간해서 인기를 얻었다고 해서 그저 만들어지지 않는 다.

그런 점에서 그런 메시지를 정확히 많이 잘 가지고 있고 만들어 내는 사람은 흔하지 않다. 하지만 그런 메시지가 분명한 사람들은 오랫동안 사람들에게 큰 영향력을 끼치고, 세상을 조용히 변하시킨다. 하지만 그저 운이 좋아서 인기를 얻은 사람들은 이내 곧 그 인기가 사라지면 물거품처럼 하나도 남지 않는 다.

당신이 작가가 되고자 한다면 메시지가 있어야 한다. 당신이 쓴 글이 독자들을 사로잡기를 원한다면 명쾌하고 명확한 메시지가 그 글 속에 담겨 있어야 한다. 그리고 그러한 메시지를 만들기 위해서는 스스로 사색가가 되어야 하고, 창조적으로 사고하는 습관을 가져야 하고 만들어야 한다.

그래서 작가는 창조적으로 사고하는 사람이어야 하는

것이다.

" 작가의 일상이란 대부분의 시간을 책상에 앉아서 매일 매일 글을 쓰는 것이라 할 수 있고, 그러기 위해서 살면서 마주치는 거의 모든 것을 다 받아들이는 습관을 기르는 것이다. 작은 것 하나도 버릴 건 없다고 믿으면서, 그것은 매우 편한 습관이 될 수 있고, 이는 손톱을 깨무는 습관과 비슷하다. 항상 걱정만 하면서 지내는 대신, 한발 물러서서 무슨 일이 벌어지는지를 관조하고, 그 상황을 보다 창조적으로 사고하는 것이다. 지하철에서 마주치는 하층민의 삶에 경악하는 대신, 그들의 의복과 태도와 언어의 디테일들을 자세히 관찰하는 것이다. 아마도 당신은 어떤 관점에서 생각을 해야 할지를 잘 모르고 있을 수도 있다. 그러나 당신은 할 수 있는 한 최선을 다해 모든 것을 수용해야 한다. 아이들처럼 순수하게 열린 마음으로, 대부분의 어른들처럼 분위기 있는 안개 처리를 하지 않은 채로 말이다."

< 앤 라모트, [글쓰기 수업], 245쪽 >

이 글처럼 훌륭한 작가가 되기 위해, 즉 명확한 메시지를 창조하기 위해, 창조적인 사고를 하는 사람이 되기 위

해서는 이 세상의 모든 것을 순수하게 다 수용하고, 그것을 관찰하고, 그것을 곱씹어 보면서 사색하는 능동적 사색가가 되어야 할 필요가 있음을 명심하라.

당신에게 그 어떤 메시지가 없다면 아무도 당신의 글을 읽지 않을 것이고, 아무도 당신을 기억해 주지 않을 것이다.

당신에게 가장 중요한 것은 메시지인 이유는 무엇보다 당신이 팔아야 하는 것은 그 어떤 상품이 아니기 때문이다. 당신이 팔아야 하고, 전파해야 하고, 세상에 내 놓아야 하는 것은 상품이 아니라 컨셉이기 때문이다.

그 컨셉이란 바로 메시지여야 하고, 또는 이미지여야 한다. 꿈이라는 컨셉, 희망이라는 메시지, 부와 성공이라는 멋진 이미지가 바로 당신이 팔아야 하고, 세상에 내 놓아야 하는 컨셉인 것이다.

- 감동과 재미는 서비스로 곁들여라.

사람들에게 메시지를 전달하는 것이 최고의 목적이라고

할 수 있다. 하지만 그렇다고 당신이 메시지라는 알맹이만 전달하게 된다면 처음 당신의 글을 접하는 사람들은 한 두 페이지를 읽다가 멈추게 될 것이다.

왜냐하면 아무리 몸에 좋은 음식이라고 해도 맛이 없다면, 맛좋고 보기 좋은 요리에 더 주목하게 되고 끌리게 되는 것이 바로 인간이기 때문이다. 보기 좋은 떡이 먹기도 좋다. 하지만 몸에 얼마나 좋은 지는 다른 문제이다. 문제는 보기가 좋지 못 한 떡은 아무리 몸에 좋아도 먹으려고 눈길조차 주지 않는 다는 것이다.

당신의 글이 이런 꼴이 되지 않게 하기 위해서 당신이 해야 할 일이 있다. 그것은 보기 좋은 떡으로 만드는 것이다. 물론 내용도 없고, 메시지도 없고, 알맹이도 없으면서 보기만 좋은 떡으로 만드는 것은 독자들을 기만하는 행위일 뿐만 아니라 그런 책은 어차피 많은 이들이 읽어주지도 않는 다는 것이다. 그렇기 때문에 내용이 없고, 메시지가 없는 데 보기만 좋게 만드는 것은 결국 작가의 입장에서 손해이다.

더 큰 손해는 그런 책을 읽고서 큰 실망을 하게 된 독자들은 다시는 당신의 책을 읽지 않는 다는 것이다. 그러므로 당신은 먼저 내용을 알차게 하고, 메시지를 확실하게 만들고, 알맹이가 튼실하게 있게 해야 한다. 그 후에 당신이 해야 할 일은 그런 내용이 읽히도록 보기 좋은 떡으로 만드는 것이다.

여기서 당신의 문장력이 약간 필요하고, 당신의 유머가 필요하고, 당신의 감성이 필요하다.

감동과 재미가 없다면 아무도 당신의 책을 자주 읽지 않기 때문이다. 서비스라고 생각해도 된다. 물론 일반서적의 작가는 개그 방송 작가가 아니다. 하지만 그럼에도 불구하고 감동과 재미를 독자들에게 선사해 주는 것은 나쁘지 않다. 아니 오히려 당신의 글을 힘들게(?) 읽어준 독자들에 대한 배려이고, 서비스인 것이다.

생각해 보라. 밥만 먹는 식당이라고 해서 음식을 다 먹은 후에 맛있는 커피나 차나 과일을 대접하지 말라는 법은 없다. 오히려 고급 식당일수록 이런 것들이 잘 갖추어져 있다. 그만큼 손님을 배려하고, 서비스 정신이 높다는 것이다.

당신의 책도 이와 같은 고급 식당이 되게 하라는 것이다. 당신이 독자라면, 손님이라면 같은 가격으로 당신을 배려하고 서비스가 좋은 식당에 자주 가겠는가? 아니면 서비스도 나쁘고, 디저트도 없는 그런 식당에 자주 갈 것인가?

 다시 말하겠다. 당신의 글과 메시지가 아무리 훌륭하다고 해도 당신의 그것을 잘 전달하기 위해서는 그 내용에 걸 맞는 수준의 서비스가 필요하다는 것이다.

 그러한 것들 중에 하나가 바로 문장력이다. 문장력이라고 해서 명문장만 생각해서는 안 된다. 똑같은 내용을 말하는 문장이더라고 감칠맛이 나고, 읽을수록 재미가 있는 그런 문장을 구성하라는 것이다.

똑같은 말을 해도 누군가가 말을 하면 재미가 있게 들린다. 하지만 똑같은 말이라도 다른 사람이 이야기하면 듣는 것이 고역인 경우도 있다. 말도 그렇지만 글도 그렇다. 당신의 글을 감칠맛이 나는 재미가 줄줄 흘러넘치는 그런 글로, 문장으로 만들어 나가야 한다.

- 제목이 식상하면 아무도 읽지 않는다.

독자들을 사로잡는 글쓰기에서 결코 간과해서는 안 되는 것이 바로 제목이다. 당신의 글이 아무리 좋은 글이고, 감동적인 글이라고 해도 제목이 식상하면 아무도 당신의 책을 읽지 않는 다는 것은 분명한 사실이다.

그런 점에서 당신은 글쓰기와 함께 제목을 반드시 멋지게 만들어야 할 필요가 있음을 명심해야 한다.

제목이 식상하면 당신의 책은 베스트셀러가 되어 수백만 명이 읽을 수 있는 책임에도 수 천 명도 읽지 않는 그런 책으로 전락될 수 있다. 그 이유는 순전히 제목 때문이다. 그러므로 당신은 독자들을 사로잡기 위해서 제목을 멋지게 독특하게 기발하게 아름답게 눈길이 가게 만들어야 한다.

제목의 중요성에 대해 잘 알게 해 주는 책이 바로 [칭찬은 고래도 춤추게 한다]라는 제목의 책이다. 왜냐하면 이 책이 처음부터 이 제목의 책이 아니기 때문이다. 이 책은 처음에는 [You Excellent] 라는 제목의 책으로 출간되었다. 그런데 많이 판매되지 않았다. 그러다가 나중에 다시 [칭찬은 고래도 춤추게 한다]라는 제목으로 재출간되었는데, 그 때 이 책이 베스트셀러가 되어 버린 것이다.

결국 똑같은 내용의 책임에도 제목만 달라졌음에도 독자들이 양이 확연하게 달라질 수 있다는 사실을 잘 말해주는 사례이기 때문이다.

바로 이런 이유에서 출판사는 표지 디자인과 함께 책의 제목을 선정하는 데 많은 시간과 주의를 기울이고 있는 것이다. 똑같은 책이라도 제목에 따라서 판매량이 달라지고, 수익이 달라지기 때문이다.

제목은 결국 그 책의 얼굴이다. 또한 제목이 좋으면 오래 기억되고, 많이 기억되고, 많이 회자될 가능성이 매우 높다. 하지만 반대로 제목이 너무 어렵고 나쁘면 절대 오래 기억되지 않고 많이 회자될 수 없다.

사람의 이름이 중요하다고 말하는 사람들이 많이 있는 이유가 바로 이런 이유인 측면도 없지는 않을 것이다. 이름이 중요한 것은 사람만이 아니다. 기업이나 회사도 이름이 중요하다. 그래서 세계적인 기업들이 이름이 세 자를 넘어가지 않는 다. 만약에 이름이 길면 소비자들이 기억하기 힘들고, 외우기 힘들기 때문이다.

보라. 애플, MS. GM, 삼성, 소니, 노키아. 코카콜라. 맥도날드, IBM, BMW, 벤츠, 구글 등을 봐도 이런 사실을 잘 알 수 있을 것이다.

그래서 제목을 지을 때 반드시 짧고 간결하고 명확해야 한다는 것이다. 그래야 소비자들의 머리에 오래 각인되기 때문이다. 책도 이와 다르지 않다. 독자들이 인터넷이나 신문에서 한 번 스쳐 지나가면서 보더라도 기억하기 쉽고 외우기 쉽다면 그 책의 제목은 훌륭한 것이다.

책 제목을 지을 때 반드시 명심해야 하는 한 가지 사항이 있다. 책의 내용과 전혀 다른 책 제목을 그저 제목이 멋지다고 해서 지으면 절대 안 된다는 것이다. 보라. 책 제목을 보고 그 책을 구입한 독자들이 책을 읽어가면서 점점 더 자신이 기대했던 그 내용, 즉 책 제목이 암시하는 바로 그 내용이 전혀 없는 그런 책임을 서서히 알게 되면 될수록 독자들의 실망은 커져 갈 것이다.

그래서 책 한 두 권 더 팔겠다고, 책 제목을 내용과 전혀 관련성이 없는 것으로 선택하는 출판사나 작가가 있다. 하지만 이것은 제 무덤을 스스로 파는 것과 다를 바 없음을 알아야 한다.

 독자들은 바보가 아니다. 그렇게 실망을 준 책과 작가에 대해서 반감을 가지게 되고, 그 후로는 그 작가의 책을 그 독자는 읽을 가능성이 거의 없다는 것을 알아야 한다.

 가장 이상적인 책 제목은 책의 내용을 한 마디로 가장 잘 표현할 수 있는 제목이라고 생각한다.

 - 책쓰기는 독자와의 대화이자 소통이다.

" 글쓰기란 일종의 작업을 행하는 것으로서 바로 종이 위에 이루어내는 소통의 작업이다. 어떤 장르의 글을 쓰든지 노련한 작가라면 자기 자신을 문장의 생산자(이것은 글쓰기에 대한 학술적인 견해일 뿐이다.)로 보지 않는다. 노련한 작가는 자신을 자기 표현에 종사하는 사람으로 생각하지도 않는다. 말하자면 촛불을 환히 밝히고, 마음을 가라앉히는 음악을 들으면서 어휘를 동원해 정신의 치료 효과를 맛보게 하는 표현으로 보지 않는다는 말이다. 이런 방식으로는 다른 누군가가 읽고 싶어하는 글을 생산하리라 기대할 수 없다. 노련한 작가라면 자기 자신을 소통 행위자로 본다. 이들은 무언가 할 말이 있으며, 그 무엇을 독자에게 전달하고 싶어한다." < 바버라 베이그, [하버드 글쓰기 강의], 9 ~ 10쪽 >

 필자는 이 생각에 전적으로 동의한다. 글쓰기란 한 마디로 소통이자 대화여야 한다. 그리고 그것이 맞다. 그렇다면 대화와 소통의 가장 중요한 것이 무엇인지를 생각해 보자. 가장 중요한 소통과 대화의 본질은 바로 진실이다.

 아무리 대화 스킬이 뛰어나고 소통의 달인이라고 해도 어느 장소에서 그가 만나는 사람들에게 하는 모든 말에 진정성이 의심된다면 그의 소통과 대화는 아무 값어치가 없는 것에 불과하다.

 더 큰 문제는 그 날 그와 대화하고 소통한 사람들 중에 대 부분의 사람들이 그와 다시는 대화하려고 비싼 값을 지불하거나 아까운 시간을 낭비하지는 않을 것이라는 사실이다.

 그러한 대화와 소통이 오롯이 독자들의 선택에 의해 가능한 책의 구입과 같은 것이라면 당신의 진정성이 의심되는 순간 당신은 더 이상 작가로 살아가지 못 하게 될지도 모른다.

 그런 점에서 글쓰기는 진실해야 한다. 다시 말해 좋은 글쓰기는 진실을 말하는 것이라고 할 수 있다.

 " 워크숍 첫날 내가 새로운 학생들을 대상으로 강의를 시작할 때 가장 먼저 하는 이야기가 있다. 바로 '좋은 글쓰기는 진실을 말하는 것'이라는 점이다. 우리는 먼저 우리 자신이 누구인지를 알고 싶어 하는 종족이기 때문이다. 그리고 글을 쓰려면 무엇보다 자신의 본질부터 이해할 필요가 있다. 동물의 피를 빨아 먹는 벼룩이라면 이런 열망을 공유하지 않을 것이다. 그래서 그들은 거의 글을 쓰지 않는 것이다. 그러나 우리는 글을 쓴다. 우리는 말하고 싶고 이해하고 싶은 것이 너무나 많다."

< 앤 라모트, [글쓰기 수업], 41쪽 >

이처럼 어떤 작가는 좋은 글쓰기란 결국 진실을 말하는 것이라고 정의하기도 한다. 필자도 이와 다르지 않다. 훌륭한 글쓰기란 독자와 가장 많이 대화하고 소통할 수 있는 글쓰기라고 할 수 있기 때문이다. 독자와 가장 많이 대화하고 소통할 수 있기 위해서는 가장 중요한 것은 당신과 당신의 생각과 삶을 있는 그대로 가감 없이 보여주는 것이다.

그런 점에서 글쓰기는 진실해야 하고, 거짓이 없어야 하고, 과장이나 포장이 없어야 한다. 문제는 많은 작가들이 과장하고 포장해서 좀 더 세련되게, 좀 더 멋지게, 좀 더 아름답게 보여주는 것이 더 좋은 것이라고 생각하는 것이다.

하지만 대화와 소통의 첫 번째 조건은 진실이다. 거짓도, 포장도, 과장도 없는 것이 바로 진실이다. 그런 점에서 당시에게 가장 필요한 것은 진실되게 그대로 보여주는 글쓰기이다.

글쓰기가 작가 혼자만의 독백이 되게 해 서는 안 된다. 절대로 말이다. 글쓰기는 반드시 그 글을 읽어 줄 독자들을 생각해야 한다. 그런 점에서 글쓰기는 독백이어서는 안 된다. 글쓰기는 대화여야 한다.

그렇기 때문에 글쓰기를 통해 작가들은 독자들에게 말을 걸어야 하고, 얘기를 통해 독자들에게 자신을 표현해야 한다. 그것도 진실되게 말이다. 자신의 생각을 거침없이 표현하고 밝혀야 한다. 그것이 작가인 것이다.

- 책쓰기에는 기술이 필요하다.

글쓰기는 독자와의 대화이자 소통이다. 그래서 노련한 작가일수록 자신을 소통하는 사람으로 생각해야 한다. 그리고 소통과 대화를 잘 하기 위해서는 나름의 기술이 필요하다. 마찬가지로 그런 점에서도 글쓰기에는 기술이 반드시 필요하다.

20년 동안 하버드 대에서 글쓰기를 가르쳐 온 바버라 베이그는 자신의 저서를 통해서 글쓰기에는 기술이 필요하다는 사실에 대해서 강조한 적이 있다.

" 다른 어떤 일을 할 때에도 마찬가지겠지만 글쓰기를 하고 싶다면 일정한 기술이 필요하다. 훌륭한 타자가 되고 싶다면 투수가 던진 공에 시신을 집중하는 법이나 올바로 타격하는 법을 배울 필요가 있다. 뛰어난 피아니스트가 되고 싶다면 악보를 읽고 건반 위에서 손가락 움직이는 법을 배울 필요가 있다. 이렇게 운동선수나 음악가와 마찬가지로 글 쓰는 사람 역시 글을 잘 쓰기 위해서는 일정한 기술이 필요하다는 말이다."

< 바버라 베이그, [하버드 글쓰기 강의], 10쪽 >

그가 제시하는 글쓰기에 필요한 기술은 모두 네 가지였다. 첫 번째는 자신이 말하고자 하는 내용을 찾아내는 기술, 두 번째는 자신의 독자들을 고려하는 기술, 세 번째는 자신이 쓰고자 하는 글의 장르에 대해 아는 기술, 네 번째는 자신의 마음속의 생각을 독자의 마음속에 집어넣기 위해 언어를 사용하는 기술이다.

필자는 그가 제시하는 기술 중에서도 네 번째 기술에 매우 큰 인상을 받았다. 너무나 멋진 말이기 때문이다.

마음과 마음이 통한다는 멋진 말이 있다. 바로 이심전심(以心傳心)이라는 말이다. 작가는 한 마디로 자신과 독자들이 서로 이심전심할 수 있게 하는 사람이다. 자신의 책을 읽은 사람의 마음이 자신의 마음과 동일하게 되는 것이 최고의 소통일 것이다.

그렇기 때문에 이 책의 저자도 글쓰기에 필요한 기술 중에서도 마지막 네 번째 기술에 대해서 이렇게 설명을 덧붙이는 것이다.

" 노련한 작가는 단어와 문장, 문단을 활용해서 자신의 마음에 담긴 재료를 다른 사람의 마음으로 옮기는 법을 안다. 또 노련한 작가는 언어를 사용해 어떻게 하면 독자의 마음을 움직일지, 어떻게 하면 독자들을 울리고 웃길지, 어떻게 하면 그들에게 정보를 전달하고, 어떻게 하면 그들을 설득하고 가르칠지도 안다."
< 바버라 베이그, [하버드 글쓰기 강의], 10쪽 >

필자는 이 책을 읽으면서 두 번 놀랐다. 어떻면 이렇게 내 마음을 작가가 잘 알고 있을 까? 라는 생각 때문이다.

그리고 또 한 번은 그의 설명이 너무나 정확하고 명료하기 때문이다.

이 책의 저자가 서둘러 지적한 내용이기도 하고, 필자가 반드시 이야기 해 주고 싶은 내용이기도 한 한 가지 사실이 있다. 그것은 이 세상에 그 어떤 작가라도 이러한 기술을 저절로 타고나서 저절로 연습도 없이 발휘해 낸 작가는 단 한 명도 없었다는 것이다.

한 마디로 글쓰기의 기술은 반드시 연습과 훈련, 그리고 학습에 의해서 갖출 수 있는 기술이라는 점이다. 그 수준이 높든 낮든 이러한 기술을 타고나는 작가는 없다. 독자와의 소통을 위해서 필요한 기술, 즉 작가가 되기 위한 기술은 반드시 학습을 해야 하고, 연습과 훈련을 해야만 획득할 수 있는 기술이라는 사실을 명심하라.

기술과 관련하여 꼭 해 주고 싶은 말이 있다. 세계적인 피아니스트 블라디미르 호로비츠의 말이다. 남보다 더 나은 기술을 습득하기 위해서는 반드시 날마다 연습해야 하고, 꾸준히 연습해야 하고, 중단해서는 안 된다는 사실을 그는 잘 말 하고 있다.

" 나는 날마다 연습한다. 하루라도 연습을 안 하면 나 자신이 그것을 안다. 이틀을 안 하면 비평가들이 알고 사흘을 안 하면 청중이 안다."

제6장. 작가를 위한 조언 _ 양이 재능을 이긴다.

" 좋은 작가가 되려면 날마다 최소한 원고지 13매의 글은 써야 해요. 그것은 다만 쓰레기를 치우기 위한 거예요. 우리는 너무나 많은 쓰레기에 파묻혀 지내는데, 쓰레기에 치여서는 좋은 글감을 발견할 수 없어요. 글쓰기는 운동 경기와 같아서, 군살이 찌면 곤란해요. 그러기 위해 날마다 13매는 긁어야 한다고 봐요."   _ 레이 브래드버리. [작가 다이제스트] 인터뷰 내용.

< 로버타 진 브라이언트, [누구나 글을 잘 쓸 수 있다], 175쪽 >

- 우뇌와 좌뇌를 모두 사용하라.

 좋은 작가, 더 나은 작가가 되고 싶다면 이것 하나는 반드시 명심하자.

 우리의 뇌는 두 개라는 사실이다. 좌뇌만 사용하지 말라. 그리고 우뇌만 사용하지도 말라. 좌뇌와 우뇌를 모두 사용할 수 있는 작가가 위대한 작가가 될 수 있다는 결론에 도달했다.

 좌뇌와 우외는 각각 다른 기능을 하기 때문이다. 한 쪽만 활용하고 사용하는 것은 마치 너무나 다양한 도구들 중에서 반만 사용하고 반은 그냥 골방에 처박아 놓고 사용하지 않는 것처럼 낭비적인 일이기 때문이다.

 [누구나 글을 잘 쓸 수 있다]의 저자인 로버타 진 브라이언트는 글을 쓸 때 뇌가 어떻게 작용하는 지 이해하는 것이 매우 도움이 될 뿐만 아니라 글을 잘 쓰기 위해서 반드시 잘 알고 있어야 한다고 말한다. 그리고 그녀는 글쓰기의 1단계와 2단계가 바로 각각의 우뇌와 좌뇌의 힘을 이용하는 것이라고 다음과 같이 말하고 있다.

 " 1단계의 글쓰기에서는 정서적인 우뇌의 특성이 발현된다. 재미, 감각, 직관, 상상, 자발성, 원시적 표현 등이 그것이다.
 2단계 글쓰기에서는 지적인 좌뇌의 힘을 이용하게 된다. 논리, 판단, 절제, 초점, 위트, 언어의 정확성 등이 좌뇌의 영역이다.

글을 쓸 때 우뇌는 계획에 얽매이지 않고 큰 그림을 상상하고 느끼며, 전체를 종합적으로 통찰한다. 좌뇌는 계획을 세우고 지키며, 분석적인 사고로 세부를 점검한다."

< 로버타 진 브라이언트, [누구나 글을 잘 쓸 수 있다], 177쪽 >

위대한 작가들의 글을 보면 논리적이지만, 감성이 풍부하다. 하지만 아마추어일수록 논리적이지만 감성이나 느낌이 결여되어 있거나, 아니면 정 반대로 너무 감성적이지만 논리가 결여되어 있다.

우뇌와 좌뇌를 모두 사용해야 하는 이유가 바로 여기에 있다. 하지만 문제는 지금까지 인류는 좌뇌 중심의 교육을 받아 왔고, 좌뇌 중심의 사회 구조 속에서 살아왔다는 것이다. 산업화 시대와 지식 정보화 시대를 살면서 인류는 우뇌 보다 좌뇌 중심적인 생활을 하도록 익숙해 져 있다.

논리적이고 시시비비를 가리고 구체적인 계획을 좋아하는 것은 모두 좌뇌형 사회가 만든 부산물이다. 한국 사회가 점점 서양을 닮아가고, 소송이 많아지고, 비판이나 악플이 많아지는 것은 모두 점점 더 좌뇌형으로 가고 있다는 것을 보여주는 반증일 것이다.

 하지만 한국인들은 이 세상에서 그 어떤 민족들보다 우뇌형이다. 그래서 통합적이고 감성적이다. 신명나면 무엇이든 해 낼 수 있는 민족이 바로 한국인이다.

 그런데 현대 교육이 시작되면서, 빠른 산업화를 통해 경제 성장만 급격하게 한 것이 아니라, 한국 사람들의 뇌 활동이 급격하게 좌뇌 중심으로 바뀌었다고 생각한다. 그 결과 많은 사람들이 글을 쓰는 것에 대해서 부담을 느끼게 되었다고 생각한다.

 평범한 사람들이 너무나도 많이 글을 쓰는 것에 부담을 느끼는 가장 큰 이유는 논리적이고 구체적으로 정확하게 써야 한다는 강박관념, 즉 좌뇌에 너무 편향되고 집중된 사고방식과 생활 습관과 교육의 악영향 때문이라고 할 수 있을 것이라고 필자는 생각한다.

 글쓰기를 시작도 하지 못 하는 것은 바로 논리적으로 판단하기를 좋아하는 좌뇌 때문이다. 더 나은 작가가 되기 위해서는 좌뇌의 절제와 판단과 논리와 언어가 필요하다. 그렇기 때문에 더 나은 작가가 되기 위해서 직관과 상상을 활용하고, 재미와 감각, 느낌에 자신을 맡겨보는 그런 우뇌형 사람으로 약간 옮겨가야 할 필요가 있을 것이다.

 의도적으로 우뇌형 사람이 되고자 노력해야 양쪽 뇌의 균형이 맞추어 지기 때문이다.

" 성공한 작가 혹은 좋은 작가는 우뇌와 좌뇌의 능력을 모두 발휘한다. 훌륭한 작가들의 경우 우뇌와 좌뇌가 무의식적으로 서로 돕는다. 글을 쓰고 편집하고 책을 만들 때, 우뇌에서 좌뇌로, 그 역으로 자유롭게 오가는 능력을 지닌 작가도 많다."
            < 로버타 진 브라이언트, [누구나 글을 잘 쓸 수 있다], 178쪽 >

 결론은 더 나은 작가가 되기 위해서 당신의 감성을 자극하는 일을 매일 하여 우뇌를 깨우고 단련시켜야 한다는 것이다. 이러한 사실에 대해서 알고만 있다고 해서 저절

로 양쪽 뇌를 무의식적으로 균형이 맞도록 잘 사용할 수 있는 것은 아니기 때문이다.

- 많이 읽어라. 읽은 만큼 그 만큼의 작가가 된다.

 옛날부터 글을 잘 쓰기 위해서는 삼다를 해야 한다는 말이 있다. 당송팔대가 중의 한 명인 구양수는 글을 잘 쓰는 비결에 대해서 삼다를 주장한 적이 있는 데, 이것이 지금까지 글쓰기 방법의 金科玉條로 삼으며, 황금률로 전해 내려오고 있다.

 "多聞多讀多商量다문다독다상량"

 한 마디로 많이 듣고, 많이 읽으며, 많이 생각한다는 뜻이다. 중국(中國)의 구양수(歐陽脩)가 글을 잘 짓는 비결(秘訣)로서 이른 말이다.

 필자는 이 말이 정말 천하의 명언이라고 생각한다. 이 말을 실제로 알게 모르게 실천해서 작가가 된 사람이 바로 필자이기 때문이다.

 많이 듣는 다는 것을 결국 많이 읽는 다는 것과 같은 의미라고 생각한다. 결국 다독(多讀)이 다문(多聞)과 하나도 다를 바 없다고 생각한다.

 많은 책을 읽은 사람은 결국 많은 것을 보고 들은 것과 같다. 그런 점에서 필자는 다독을 권장하는 사람들 중에 한 명이다.

 필자가 운이 좋게도 다독을 3년 정도 하지 않았다면 지금의 필자도 존재하지 못 했을 것이라고 강하게 믿고 있기 때문이다.

 왜 당대의 시성 두보가 '남아수독오거서'라고까지 하면서, 다독(多讀)를 강조했을까?

 그것은 바로 다독을 해야 세상을 보는 눈이 그만큼 정확해지고 넓어지기 때문이다.

 동양의 시성이 강조한 다독을 서양의 철학자인 장 폴 사르트르의 표현을 빌려 대답하자면, '인생을 포함해서 많은 것을 변화시키고 싶다면? 먼저 많은 것을 받아 들여야 하기 때문'이라고 말하고 싶다.

좋은 작가가 되기 위해서는 무엇보다 세상을 보는 눈이 있어야 한다. 읽은 만큼 세상이 보이게 되고, 보이는 만큼 책을 쓸 수 있기 때문이다.

그렇기 때문에 더 나은 작가가 되고 싶다면 먼저 많은 책을 읽어야 한다. 이것은 절대적인 황금률이다.

많은 책을 읽어야, 많은 간접 경험을 할 수 있고, 그로 인해 다양하고 많은 사고와 견해를 받아들일 수 있고, 스스로 할 수 있는 경지에 이르게 된다.

바로 이것이 우리가 다독을 해야 하는 이유이다.

세상 적으로 대학교도 졸업하지 못했던 이외수 작가가 그나마 작가로서 살아갈 수 있었던 것은 아마도 다독 때문이었을 것이라고 필자는 생각한다.

그의 책 [글쓰기의 공중부양]이란 책에 보면 '글의 기본재료는 단어다. 어떤 분야에서든지 성공하고 싶다면 기본을 무시하지 말아야 한다.' (12쪽)라고 하는 말이 나온다.

그가 한 이 말에 전적으로 동감한다. 그렇다면 글의 기본재료인 단어를 어떻게 늘려야 하는 것일까?

글의 기본재료인 단어를 늘리는 최고의 방법은 또한 '다독'이다. '다독'이 아니고서는 어휘력을 제대로 향상시킬 수가 없다. 그 이유는 단순히 단어 수만 많이 안다고 어휘력이 높은 것은 절대 아니다.

어휘력이 높다는 것은 단어를 많이 알고 있어야 할 뿐만 아니라 그 단어들을 적절한 문장 속에 잘 넣어서 활용할 줄 아는 능력까지 있는 것을 의미한다.

그렇게 하기 위해서는 '다독'이 최고의 방법인 것이다.

다독은 사고의 폭을 넓혀 줄 뿐만 아니라 글의 기본 재료가 되는 어휘력도 향상 시켜 준다는 점을 명심하자.

– 예술의 신, 뮤즈! 그런 것을 기대하지 마라.

 일본의 작가인 와시다 고야타씨는 자신의 저서인 [중년에 쓰는 한 권의 책]이란 책을 통해 많이 읽어야 한다는 사실에 대해서 아주 잘 설명해 주었다. 먼저 읽어야, 글이 술술 써 질 수 있고, 읽어야 문장을 잘 만들 수 있고, 읽어야 뮤즈가 내려오기 때문이라고 그는 말한다.

 " 먼저 읽어라. 그래야 술술 써진다. '읽기'의 연장선상에 '쓰기'가 있다. 글을 쓰려면 먼저 자료와 문헌을 수집해야 한다. 자료란 데이터 수집, 취재 등을 말한다. 문헌이란 작가들이 기존에 발표한 글을 검토하면서 내가 무엇을 다루고, 또 무엇을 제외시킬지를 구별하는 동시에 작가들의 글에서 활용할 수 있는 자료들을 얻는 것을 말한다."
　　　　< 와시다 고야타, [중년에 쓰는 한 권의 책], 113쪽 >

그는 '뮤즈들은 항상 책 속에 숨어 있다. 책을 읽지 않는 사람에게는 절대로 내려오지 않는다.' 라고 말을 했지만, 필자는 여기에 동의하지 않는 다. 왜냐하면 예술의 신, 뮤즈라는 것은 이 세상에 존재하지 않는다고 생각하기 때문이다.

그저 좋은 생각, 좋은 아이디어일 뿐, 그리고 당신이 스스로 지금까지 읽었던 많은 책들과 많은 경험들과 많은 생각들이 서로 교차되는 지점에서 당신이 스스로 만들어내는 사고와 의식일 뿐, 그것이 신이 아니기 때문이다.

분명하게 그리고 확실하게 말하겠다. 예술의 신 뮤즈 같은 것은 이 세상에 존재하지 않는 다. 그것은 책 속에나 나오는 이야기이다. 그러므로 그런 것을 기대하지 마라. 기대하지 말고 멋진 생각, 아이디어, 영감, 사고, 의식을 스스로 만들어내라. 그것이 진정한 작가의 임무이다.

멋진 영감이나 생각이 떠오르는 것은 언제나 경험하는 일이다. 하지만 그것이 예술의 신 뮤즈는 절대 아니다. 그리고 좋은 생각이 가장 많이 떠오르는 순간은 작가는 글을 쓰고 있는 순간이라는 사실을 잊지 말아야 할 것이다.

'스티븐 킹은 예술적 영감의 신 뮤즈가 여러분의 책상에 너울너울 날아들어 타자기나 컴퓨터에 마법의 가루를 뿌려주는 일은 결코 없다고 단언했다. 뮤즈가 찾아오면 오히려 뮤즈가 살 집을 지어주어야 하는 게 우리의 일이며, 거기에 들어가는 노동은 순전히 우리의 몫이라고 했다." < 정희모, [글쓰기의 전략], 20쪽 >

그의 말처럼 예술의 세계로 들어가는 것은 순전히 우리의 몫이다. 그리고 당신의 몫이다. 그리고 그것은 노동과 흡사 닮아 있다. 아무도 그저 해 주지 않기 때문이다. 노동은 힘이 들고 스스로 해야 하는 것이기 때문이다.

예술의 신! 뮤즈는 이 세상에 존재하지 않는 다. 그러므로 당신이 스스로 책을 읽으면서, 글을 쓰면서, 세상에 부대끼면서 만들어내야 하는 것이다. 당신이 많이 노력하면 많이 만들 수 있고, 적게 노력하면 적게 만들 수밖에 없다.

하지만 여기에도 고수와 하수의 차이가 엄연히 발생한

다. 하수는 아무리 열심히 노력을 해도 하나도 얻지 못하지만, 고수는 한 번 시도하기만 해도 반드시 수확을 가지고 온다. 이것이 고수와 하수의 차이이다.

이런 차이를 가장 쉽게 알 수 있는 예능 프로그램이 있다. 바로 '정글의 법칙'이다. 여기서 고수는 당연히 김병만이다. 그는 다른 부족원이 하루 종일 잡아도 잡지 못하는 물고기를 혼자서 척척 잡아낸다.

하지만 명심하라. 김병만도 처음부터 그렇게 고수였던 것은 아니다. 그도 처음에는 아마추어였다. 하지만 수십 년 전부터 남들보다 더 많은 연습과 단련을 통해서 다양한 분야에서 달인이 되었고, 그렇게 수 십 년 동안 축적된 내공과 실력이 저절로 뿜어져 나오는 것임을 알아야 한다.

세상에 공짜는 없다. 세상에 공짜 점심도 없다. 누가 당신에게 공짜로 점심을 사 주겠는가? 반드시 이유가 있고, 목적이 있다. 그러므로 예술의 신! 뮤즈라는 것은 이 세상에 존재하지 않는 다. 당신이 스스로 만들어 내야 한다. 치열한 노력을 해야 하고, 노력이 아무리 크다고 해도 당신이 스스로 어느 정도의 수준이 되어 있지 않다면 하나도 얻지 못 한다는 사실을 명심하라.

 그렇기 때문에 연습과 훈련, 그리고 어느 정도의 시간은 반드시 무엇을 하려고 해도 필요한 것이다.

- 매일 쓰라. 그리고 많이 쓰라. 그것뿐이다.

더 나은 작가가 되기 위한 길은 한 가지 밖에 없다. 많이 쓰는 것, 그리고 그것도 매일 쓰는 것이다. 대부분의 위대한 작가들이 위대한 작가의 반열에 오를 수 있었던 단 한 가지 비결은 바로 그들은 매일매일 글을 쓰면서, 엄청난 양의 창작활동을 했기 때문이다.

 대표적인 작가가 바로 스티븐 팅이다. 그가 얼마나 매일 글을 썼는지에 대해 그가 쓴 《유혹하는 글쓰기》라는 책을 통해서 살펴볼 수 있다.

　　" 예전에는 지금보다 빨리 썼다. 이 정
　　도면 아마 존 크리시도 감탄했을 것이

다.(그러나 어떤 글에서 보니 크리시의 추리 소설 중에는 겨우 '이틀' 만에 완성된 것도 여럿이라고 한다.) 내 생각엔 담배를 끊어서 속도가 느려진 것 같다. 니코틴은 신경을 예민하게 해준다. 물론 창작을 도와주는 대신에 목숨을 빼앗는 다는 게 문제다. 어쨌든 나는 어떤 소설이든 – 설령 분량이 많더라도 – 한 계절에 해당하는 3개월 이내에 초고를 끝내야 한다고 믿는다. 그보다 오래 걸리면 – 적어도 내 경우에는 – 마치 루마니아에서 날아온 공문서처럼, 또는 태양의 흑점 활동이 심할 때 단파 수신기에서 나오는 소리처럼 이야기가 왠지 낯설어진다.

나는 하루에 열 페이지씩 쓰는 것을 좋아한다. 낱말로는 2천 단어쯤 된다. 이렇게 3개월 동안 쓰면 18만 단어가 되는데, 그 정도면 책 한 권 분량으로는 넉넉한 셈이다. 이야기를 재미있게 쓰고 신선함을 유지하기만 한다면 독자들도 즐거운 마음으로 몰두할 수 있을 것이다. 어떤 날은 그 열 페이지가 쉽게 나온다."
(스티븐 킹, 《유혹하는 글쓰기》, 김영사, p.187)

그는 한창때는 일주일 만에 책을 한 권씩 쓸 정도로 엄청난 양의 작업을 했던 사람이었음을 그의 말을 통해 알 수 있다. 그리고 예전에 인터뷰 기자들에게 크리스마스와 독립기념일과 자신의 생일만 빼고 날마다 글을 쓴다고 말할 정도로 엄청난 연습과 노력과 훈련을 했던 사람이라는 사실을 간과해서는 안 된다.

글을 써서 작가가 되는 유일한 길은 무조건 글을 써야 한다는 것이다. 그리고 더 나은 작가가 되는 유일한 길은 매일, 매일 무조건 글을 써야 한다는 것이다.

나는 이 사실을 확신하고 있고, 작가의 생활 수칙으로 삼고 있다. 그러므로 명심하라. 더 나은 작가가 되기 위한 최고의 방법은 날마다 최소한 원고지 10매 이상의 글을 써 내려가야 한다는 것이다.

그런 점에서 필자가 제시하는 더 나은 작가가 되는 법

은 '다작'이다. 남들보다 많이 쓰면 그만큼 더 나은 작품이 나오게 되어 있다. 나는 이 사실을 믿는 다.

글을 직접 써보지 않고서는 글 솜씨가 늘 수 없다. 또한 마찬가지로 글을 많이 써보지 않고서는 더 나은 작가가 될 수 없다. 글쓰기 책을 많이 읽는 다고 글쓰기를 잘 하는 더 나은 작가가 되는 것은 절대 아니다.

그런 점에서 아마도 세계 최고의 베스트셀러 작가인 스티븐 킹은 글쓰기 책은 대개 헛소리로 가득 차 있다고 말을 한 것이라고 생각한다. 글을 잘 쓰기 위해서는 글쓰기 책을 열 시간 보는 것보다 글을 직접 열 시간 써 보는 것이 백 배 더 낫기 때문일 것이다.

- 형식과 틀에 얽매이지 마라.

" '나는 개를 본다' 라는 문장이 있다. 여기서 '나'는 우주의 중심이다. 이러한 문장 구소 속에 살고 있는 우리는, 내가 개를 보고 있는 동안 개도 나를 보고 있다는 사실을 잊어버린다. 우리의 사고방식은 문장 구조에

맞추어져 있고 사물을 보는 관점도 그 안에서 제한된다. 우리가 이 세상을 바라보고 살아가는 방식이 '주어-동사-목적어'의 틀에 짜 맞추어져 있다는 뜻이다. 이런 문장론에서 벗어날 때 우리는 새로운 시각을 얻을 수 있고, 신선한 세상과 만날 수 있으며, 글쓰기에 색다른 에너지를 불어넣을 수 있다." < 나탈리 골드버그, [뼛속까지 내려가서 써라], 114쪽 >

 전 세계 독자들을 사로잡은 혁명적인 글쓰기 방법론을 제시한 나탈리 골드버그의 이 말에서 필자는 고개를 흔들었다. 그것도 심하게 말이다.

 새로운 시각을 얻을 수 있고, 신선한 세상을 만날 수 있고, 글쓰기에 색다른 에너지를 불어넣을 수 있기 위해서는 정해진 틀과 형식, 문장 구조에서 벗어나 마음껏 사유할 수 있어야 한다.

 인간은 가장 창조적일 때가 가장 자연스러울 때이다. 어떤 형식이나 틀에 얽매이게 되면 그 순간부터 당신의 창조성은 억압을 받게 되고 빛을 보지 못 하게 된다는 사실을 명심하라.

당신을 가장 자유롭게 할 필요가 있다. 특히 작가라면 말이다. 그래서 작가들은 이 세상에서 가장 자유로운 존재들이다. 하지만 그럼에도 불구하고 한 가지에 너무 얽매이는 경향이 있는 데, 그것이 바로 형식과 틀, 특히 문장의 구조, 문법, 맞춤법 이라는 것들이다.

이 세상에는 반드시 그렇게 해야 할 일은 절대로 없다. 형식과 틀은 스스로 만들었다. 사회가 만들었고, 공동체가 만들었다. 하지만 그러한 형식과 틀이 파괴되어도 되는 것이라면 충분히 파괴를 해야 할 필요가 있다.

왜냐하면 파괴를 통해 새로운 것들이 창조되기 때문이다. 전통적인 학과를 고집하는 경우 융합학과가 탄생할 수 없다. 지금 이 시대는 지식과 정보화 시대가 아니라 감성과 창조의 시대이다.

바로 그런 이유 때문에 애플의 스티브 잡스가 위대한 혁신가가 될 수 있었고, 그의 아이폰이 인류에게 스마트폰 시대를 열어 준 혁신 제품이 될 수 있었던 것이다. 아이폰이 출시 되기 전에 이미 아이폰보다 더 고성능, 고기능의 스마트폰들이 출시되어 판매되고 있었지만 그 폰들은 인간의 감성을 자극하지 못 했다.

아이폰이 인류에게 스마트폰 시대를 열어준 혁신 제품이라는 평가를 받는 이유가 여기에 있다. 인류에게 감성을 자극하고, 감성을 터치하는 그런 스마트폰이 되어 주었던 것이다.

스타벅스가 세계적인 기업이 될 수 있었던 것도 인간에게 제 3 의 공간이라는 새로운 감성과 품격을 선물해 주는 커피숖이었기 때문이다. 결국은 감성이 중요하다는 것이다.

감성지능의 창시자인 다니엘 골먼은 지능지수보다 감성지수가 더 중요한 시대가 오고 있다고 말했다.

형식과 틀에 얽매이지 않아야 하는 이유가 여기에 있다. 스티브 잡스가 기존의 스마트폰 업체들이 지켜 나갔던 보이지 않는 룰을 완전하게 깨고, 기존 업계들이 세워놓은 생태계의 형식과 틀을 과감하게 파괴해 버렸기 때문에 세계 최고의 혁신가가 될 수 있었던 것이다.

형식과 틀에 얽매이지 않을 때 당신은 당신 자신을 가장 정확하게 표현할 수 있고, 가장 잘 표현할 수 있고, 가장 멋지게 표현할 수 있고, 가장 매력적으로 표현할 수 있다. 형식과 틀에 얽매이는 순간 당신은 이 모든 것을 제대로 할 수 없게 된다.

인간이 가장 창조적일 수 있을 때는 우리 두뇌의 모습처럼 자유로워야 한다. 마인드 맵의 창시자가 마인드 맵을 창시할 수 있었던 본질은 그것이 우리 두뇌가 자유롭게 창조적으로 가장 자연스럽게 사고해 나가는 모습이었기 때문일 것이다.

마인드 맵을 보면 알겠지만 정해진 형식이나 틀은 없다. 그래서 무한정으로 확장해 나갈 수 있는 것이며, 새로운 기발하고 독창적인 것들을 창조해 나갈 수 있게 되는 것이다.

그런 점에서 형식과 틀에 얽매이면 스스로 자신의 창조성의 작은 촛불을 꺼 버리는 것과 다름없다. 작가는 창조자여야 하고, 소통자여야 한다. 독자들이 열광할 수 있는 그런 새로운 사실들과 일들을 만들어내야 하고, 그것으로 대화를 하면서 독자들이 스스로 자신들을 자신의 작은 세계에서 벗어날 수 있도록 조력해 줄 수 있어야 한다.

그렇게 하기 위해서는 반드시 창조적이고 혁신적인 사상가가 될 수 있어야 한다. 한 마디로 이 시대의 작가들은 싱크탱크(think tank), 즉 두뇌집단들이어야 한다. 어떤 조직에 소속된 두뇌집단이 아닌 독립적인 두뇌집단이 되어 주어야 한다.

- 자기 자신만의 독특한 스토리와 콘텐츠를 만들어라.

더 나은 작가가 되는 가장 확고하고 효과적인 방법은 필자의 생각으로는 '콘텐츠'를 만들어 내는 것이다. 그것도 가장 강력한 콘텐츠를 말이다.

이 시대는 보이는 것보다 보이지 않는 것이 중요하다. 그런 점에서 디자인보다 스토리가 더 중요해 지고 있는 시대이다. 디자인은 하나의 제품을 팔 수 있지만, 스토리는 수 백 개의 제품을 팔 수 있다.

미래학자 롤프 옌센은 정보 사회의 태양이 지고, 드림 소사이어티라는 새로운 태양이 뜨고 있다는 것을 예견다. 여기서 드림 소사이어티란 '이야기(스토리)를 기반으로 하여 움직이는 사회'를 말하는 것이다.

세계적인 미래학자 다니엘 핑크도 또한 스토리의 중요성을 강조하고 있다. 논리적이고 분석적인 능력만으로는 더 이상 성공을 보장할 수 없다는 것이다. 스토리가 있어야 한다는 것이다. 성공적인 기업가가 되기 위해서는 회계. 재무 과학에 스토리 기법을 결합 할 수 있어야 하고, 디자인과 마찬가지로 스토리는 개인과 기업이 공급 과잉 시장에서 자신의 상품과 서비스를 차별화하는 중요한 수단으로 부상하고 있다는 것이다.

디자인의 중요성은 이제 누구나 알고 있다. 하지만 스토리의 중요성은 아직도 많은 사람들이 잘 모르고 있다. 특히 그것이 비즈니스에 얼마나 중요한 요소인지는 말이다. 하지만 디자인보다 더 중요한 것은 보이지 않는 스토리라고 필자는 생각한다.

이 시대는 스토리로 움직이는 시대가 점점 더 되어 가고 있다는 것이 필자의 생각이다. 특히 이 시대는 영웅이나 천재의 스토리가 아닌 당신의 스토리를 간절하게 원한다고 생각한다. 새로운 시대가 왜 그토록 당신의 스토리를 간절히 원할까?

 새로운 시대의 사람들은 저마다 자신의 이야기를 잃어버렸기 때문이다.

 이 시대만큼 자신의 삶과 자신의 이야기를 잃어버렸던 인류였던 시대는 인류 역사상 없었다. 그래서 대리만족을 하기 위해 타인의 스토리를 간절하게 원하는 시대가 되었던 것이다.

 이것이 인문학 열풍이 다시 부는 진정한 이유이기도 하다. 스토리는 과거에도 인류를 움직였고 인류를 대변했다. 하지만 지금은 그 어떤 시대보다도 더 스토리가 강력해 졌다. 그 이유는 현대인들이 너무 바빠졌고, 너무 풍요로워졌기 때문이다.

 과거에는 한국만 해도 60년대와 70년대를 살았던 우리의 아버지 어머니 세대에는 비록 먹을 것이 없었고, 가난해서 전부다 고생을 했지만, 자신의 삶이 있었고, 자신의 이야기가 있었다. 그래서 인문학이 따로 필요가 없었다. 자기 자신의 삶이 하나의 스토리고 하나의 작은 인문학이었기 때문이다.

하지만 지금은 풍요로워졌지만, 한 가지 잃어버린 것이 있다. 바로 자기 자신의 삶과 자신의 이야기이다. 그래서 자신이 잃어버린 것을 되찾고 싶은 마음이 인문학 열풍으로 이어지게 되었던 것이다.

풍요롭게 살기 위해 앞만 보고 달려가다가 우리는 풍요로운 시대를 만들어 냈지만, 정작 자기 자신의 삶과 이야기를 잃어버리게 되는 그런 아이러니에 빠지게 되었던 것이다. 그 결과 풍요로운 시대에는 생존에 필요한 것보다 삶의 의미와 가치, 목적을 다시 찾게 되는 현상이 자연스럽게 되어 버렸다. 풍요는 우리의 마음까지 풍요롭게 해 주지 않기 때문이다.

스토리 안에 그러한 것들이 담겨 있다고 인간은 본능적으로 알고 있는 것이지요.

" 스토리는 인간의 감성과 삶의 목적과 자기 자신의 이해에 목말라 있는 현대인들이 잃어 버렸던 그러한 것들을 되찾을 수 있도록 해 주는 가장 강력한 도구이다."

스토리는 콘텐츠의 주요한 구성 요소이다. 강력한 스토리가 받쳐주는 콘텐츠는 그 나름대로 굉장한 힘을 가지게 된다.

당신이 더 나은 작가가 되고 싶다면 반드시 당신만의 스토리와 콘텐츠로 무장해야 하는 이유가 바로 이것이다.

- 창조적이고 미래 지향적인 작가가 되라.

더 나은 작가가 되기 위해서는 반드시 창조적이고 미래 지향적인 작가가 되어야 한다. 창조적인 작가가 되기 위해서 가장 중요한 것은 이 세상의 모든 것을 받아들여야 한다는 것이다.

당신의 느낌, 생각, 견해, 경험, 의식, 관조뿐만 아니라 타인의 것들, 세상의 것들을 모두 받아들이고 허용하고 포용할 줄 알아야 한다.

'창조적인 글쓰기의 정수는 허용하는 것이다. 밀어붙이고, 쥐어짜고, 윽박지르고, 아등바등하면서 글을 쓰는 게 아니라, 아이디어가 파도처럼 밀려오고 밀려가며 종이 위에 저절로 낱말로 펼쳐지도록 허용하는 것, 그것이 바로 창조적인 글쓰기의 정수이다.'
< 로버타 진 브라이언트, [누구나 글을 잘 쓸 수 있다], 189쪽 >

창조적인 상태에 빠져 들게 되면 '몰입'의 극치를 경험하게 된다. 그런 점에서 창조는 바로 몰입이다.

자기 자신과 이 우주와 하나가 되고, 이 우주의 모든 것을 다 허용하고 받아들이게 되는 바로 그 순간이 '몰입 상태'인 것이다.

몰입 상태에 빠지게 되면, 가장 먼저 나타나는 현상이 시간 가는 줄을 모르게 된다. 그리고 자의식이 사라지게 되고, 자기 자신이 지금 무엇을 하고 있는 지에 대한 의식이 사라지게 된다. 한 마디로 '무아지경'의 상태가 되는 것이다.

그렇게 강한 몰입 상태를 경험하고 나서 느끼는 것은 희열, 만족, 충만감이다. 다시 말해 몰입 상태와 같은 창조적인 작업을 한 이후에 예술가들이 기쁨과 즐거움에 열광하게 되는 것이 바로 이런 이유 때문이다.

[몰입의 즐거움]이란 책의 저자이자 몰입의 세계적 권위자인 미하이 칙센트미하이는 위대한 성과를 창출한 노벨상 수상자들을 연구한 결과 그들은 일을 힘들게 어렵게 한 것이 아니라 마치 놀이처럼 즐겁게 신나게 했다는 사실을 발견했다.

그리고 그것이 가능한 이유는 바로 '몰입'의 비밀 때문이었다. 몰입할 때 창조적이 되는 것뿐만 아니라 진짜 행복한 순간을 경험하게 되기 때문이다. 노벨상 수상자들은 하나같이 일을 한 적이 없다는 것이다. 그저 즐기고 놀았다고 말한다.

" 노벨상 수상자를 비롯하여 다양한 분야에서 활동하

는 창조적인 지도급 인사들과 내가 백여 차례 가까이 만나면서 갖아 흔히 들을 수 있었던 비유는 가령 이런 것이다. '내가 일평생 단 일분도 쉬지 않고 일했다는 말도 옳고, 내가 단 하루도 일이라는 생각을 가지고 일한 적이 없다는 말도 옳다.' 역사가 존 호프 프랭클린은 일과 여가가 하나로 녹아든 상태를 이렇게 표현한다. '내가 기다리던 금요일이 왔구나'라는 표현을 즐겨 쓰는 것은 금요일이 되면 이틀 동안 방해받지 않고 꼬박 일을 할 수 있기 때문이다." < 미하이 칙센트미하이, [몰입의 즐거움], 82쪽 >

 그는 몰입의 권위자답게 몰입 상태에 대해서 다음과 같이 적확한 설명을 같은 책에서 해 주었다.

" 예외적으로 나타나는 이 순간을 나는 '몰입(몰입) 경험'이라고 부르고 싶다. '몰입'은 삶이 고조되는 순간에 물 흐르듯 행동이 자연스럽게 이루어지는 느낌을 표현하는 말이다. 그것은 운동선수가 말하는 '몰아 일체의 상태', 신비주의자가 말하는 '무아경', 화가와 음악가가 말하는 미적 황홀경에 다름 아니다. 운동선수, 신비주의자, 예술가는 각각 다른 활동을 하면서 몰입 상태에 도달하지만, 그들이 그 순간의 경험을 묘사하는 방식은 놀라우리만큼 비슷하다."

< 미하이 칙센트미하이, [몰입의 즐거움], 45쪽 >

 더 나은 작가가 되기 위해서는 반드시 창조적 몰입의 상태를 자주 경험하는 것이 필요하다. 그것이 최고의 상태로 자신이 어떤 활동을 하고 있다는 것을 의미하기 때문이다.

 인간이 가장 창조적일 때는 외부의 그 어떤 보상이나 대가가 아니라 일 자체에 완전하게 빠졌을 때이다. 그리고 그러한 상태는 순수한 관심과 즐거움, 도전의식과 만족으로 동기화되었을 때만이 가능하다.

 더 나은 작가가 되기 위해서 미래 지향적인 의식을 가진 작가가 되어야 한다는 것도 우리는 모두 명심해야 할 것 같다.

 작가는 어쨌든 현재보다 약간은 앞서 걸어 나가는 사람이어야 하기 때문이다. 물론 이 다가오는 시대는 작가와 독자의 경계가 허물어지는 시대가 될 것이라고 예측한다. 하지만 그 시대에도 좀 더 나은 작품을 쓰는 뛰어난 작가가 되는 방법 중에 하나는 미래지향적인 작가가 되는 것이다.

- 끊임없이 공부해야 더 나은 결과물을 기대할 수 있다.

작가란 반드시 이 세상이 원하는 것을 내 놓을 줄 알아야 한다. 최소한 더 나은 작가란 모름지기 세상에 가치 있는 것을 만들어 내 놓을 줄 알아야 한다. 그렇게 하기 위해서는 끊임없이 공부해야 한다.

공부란 좋은 대학교에 입학하기 위해서만 필요한 것이 아니다. 오히려 대학교를 졸업한 이후에 가장 필요한 것이 바로 스스로 하는 공부이다. 모든 사람들이 평생 살면서 공부를 하는 사람과 공부와 완전하게 담을 쌓고 사는 사람의 차이는 생각보다 훨씬 크다.

공부와 전혀 상관이 없을 것 같은 일반 직장인들조차도 직장을 다니면서 공부한 양에 따라 연봉이 크게 차이가

난다.

 직장을 다니면서 동료들보다 2배 이상 많은 시간을 공부한 사람들은 5년이나 10년 후에 보면 연봉이 3배 이상 많아진다고 한다. [연봉 높은 사람들은 20대부터 무엇을 했나?] 라는 책에 보면 이런 이야기가 자세하게 소개되어 나온다. 연봉이 각각 2억인 사람과 7000만원인 입사 동기들의 삶의 모습과 내용을 비교 분석해서 조사를 했다.

 한 마디로 연봉이 2억인 입사 동기와 7000만원인 입사 동기의 차이를 가른 것은 공부 량이라는 것이다. 즉 연봉이 높은 사람들은 20대부터 공부를 했다는 것이다. 그것도 남들보다 2배 정도 많이 말이다.

 이렇게 일반인들조차 공부한 양은 그 사람의 성공을 결정짓는 중요한 요소가 된다. 그렇다면 작가는 어떨까?

 작가는 일반인들보다 더 많이 의식이 깨어 있어야 하는 사람들이다. 그렇게 하기 위해서는 공부를 절대로 하지 않으면 안 되는 그런 사람들이기도 하다.

그런데 한국 사회를 보면, 정말 아무것도 공부하지 않으면서 그저 인기에 연연하고, 시류에 편승하는 그런 빈껍데기와 같은 작가들이 없다고 할 수는 없다.

그저 문장을 아름답게 꾸미고, 독자들의 마음을 사로잡아서 큰 인기를 얻고자 하는 그런 작가들은 결국 쉽게 독자들의 마음에서 사라지게 될 것이다.

하지만 지독한 공부를 통해 그 결과물이 책으로 나오게 된 경우는 오랜 시간이 흘러도 독자들의 마음에서 사라지지 않을 뿐만 아니라 그 자체로도 큰 성공이라고 할 수 있다.

공부한 것은 절대 배신을 하지 않기 때문이다. 끊임없이 공부하는 작가는 갈수록 더 좋은 작품들을 쏟아낼 수 있다. 하지만 공부를 게을리 하는 작가는 갈수록 작품들이 나빠질 수밖에 없다.

독자들의 수준은 갈수록 향상되기 때문이다. 독자들의 공부를 뛰어넘는 공부를 해야 하는 것이 바로 작가들인 것이다.

- 양이 질을 낳고, 양이 재능을 이긴다.

필자가 가장 좋아하는 말이 바로 이 말이다.

'양이 질을 낳는다.'

필자는 이 말에 큰 용기와 감동을 받은 바 있다. 그리고 대부분의 위대한 거장들을 보면 전부 공통점을 가지고 있다는 것을 발견했다. 그들이 가지고 있는 공통점은 한 가지다.

엄청난 다작을 한다는 것이다. 결국 양이 질을 낳은 것이라고 필자는 생각한다. 아니 확신한다.

피카소가 거장이 될 수 있었던 이유는 그가 하루에 한 장의 그림을 쏟아낼 정도로 다작을 했기 때문이라고 나는 확신한다. 모차르트가 음악의 신동이라고 불리게 된 것도 역시 그가 어렸을 때부터 엄청난 훈련과 연습을 하고, 수많은 곡들을 처음에는 많이 창작을 해 보고, 심한 경우에는 표절 시비에 걸릴 만큼 비슷하게 표절한 곡들도 있을 정도로 많은 곡을 지었기 때문이라고 생각한다.

프로이트도 역시 이와 다르지 않다. 그가 쓴 논문이 650여 편의 논문이라는 사실을 아는가? 또 모차르트는 600편 이상의 작품을 창작했음을 아는가? 피카소는 20,000점이 넘는 그림을 그렸다. 렘브란트는 6백 50장의 그림을 그렸다.

새무얼 스마일즈의 [자조론]에 보면 위대한 예술가들은 모두 남다른 노력의 대가들이라는 사실에 대해 다음과 같이 말하고 있음을 알 수 있다.

" 다른 분야와 마찬가지로 예술계에서도 분골쇄신의 노력이 없이는 성공할 수 없다. 명화나 빼어난 조각상은 결코 우연히 만들어지는 것이 아니다. 물론 천재성도 있어야겠지만 미술가가 능숙한 솜씨로 붓이나 조각칼을 쉴 새 없이 움직여야만 만들어지는 노력의 산물이다.

그림이든 다른 예술이든 남보다 뛰어난 작품을 만들겠다고 결심한 사람은 아침에 일어나서 저녁에 잠자리에 들 때까지 온 정신을 한 가지 대상에 집중해야 한다. 두각을 나타내기로 결심한 사람은 좋든 싫든 아침이나 낮이나 밤이나 가릴 것 없이 작업에 매달려야

한다. " < 새무얼 스마일즈, [자조론], 225~226쪽 >

 한 마디로 노력한 양만큼 위대한 질이 탄생하고, 도전한 양만큼 성공이 많아지고, 창작한 양만큼 걸작의 수가 많아진다는 것이다.

 '양이 질을 낳고 양이 재능을 이긴다.'

 이 한 마디는 작가라면 꼭 명심해야 할 것이다. 모든 예술가라면 또한 명심해 두어야 할 말일 것이다.

 양이 결국 질을 낳고, 양이 재능을 이긴다는 사실을 잘 말해주는 사례를 필자는 [예술가여 무엇이 두려운가]라는 책을 통해 발견하게 되었다.

 " 수업 첫날 도예 선생님은 학급을 두 그룹으로 나누어서, 작업실의 왼쪽에 모인 조는 작품의 양만을 가지고 평가하고, 오른편 조는 질로 평가할 것이라고 말씀하셨다.

평가방법은 간단했다. 수업 마지막 날 저울을 가지고 와서 "양 평가" 집단의 작품 무게를 재어, 그 무게가 20킬로그램 나가면 "A"를 주고, 15킬로그램에는 "B"를 주는 식이다. 반면 "질 평가" 집단의 학생들은 "A"를 받을 수 있는 완벽한 하나의 작품만을 제출해야만 했다.

 자, 평가 시간이 되었다. 그런데 이상한 일이 생겼다. 가장 훌륭한 작품들은 모두 양으로 평가 받은 집단에서 나왔다는 사실이다. "양" 집단이 부지런히 작품들을 쌓아 나가면서, 실수로부터 배워나가는 동안, "질" 집단은 가만히 앉아 어떻게 하면 완벽한 작품을 만들까하는 궁리만 하다가 종국에는 방대한 이론들과 점토 더미 말고는 내보일 게 아무 것도 없게 되고 만 것이다." <출처: 데이비드 베일즈, [예술가여, 무엇이 두려운가!(Art and Fear)], 루비박스, 51~52 쪽 >

 이 대목을 읽고 나서 필자는 양이 질을 낳는 다는 것에 대한 확신을 가지게 되었고, 더 나은 작가가 되기 위한 가장 좋은 비결은 매일 글을 남들보다 많이 쓰는 것이라는 사실을 발견하게 되었다.

 필자에게는 이 책이 최고의 스승이었던 것이다.

이 책과 함께 필자에게 큰 영감을 준 책이 바로 세스 고딘의 [린치핀]이다.

 " 어떤 일을 마무리했다고 그것이 곧 걸작이 되는 건 아니다. 나는 책을 100권 이상 만들어냈다. 물론 모든 책이 잘 나가지는 않았다. 하지만 그 책들을 쓰지 않았다면, 나는 이 책을 쓸 기회를 갖지 못 했을 것이다. 피카소는 1000점 이상의 그림을 그렸다. 그렇기 때문에 사람들은 피카소의 그림을 3개 이상 알고 있는 것이다."

< 출처: 세스 고딘, [린치핀], 152 쪽 >

 세계적인 작가인 세스 고딘이 만약에 처음부터 최고의 걸작을 한 권만 출간하기 위해 십 년 이상 고민하고 연구했다면 한 가지 사실은 분명할 것이다. 우리는 절대로 [린치핀]과 같은 책을 만날 수 없었을 것이라는 사실이다.

그가 100권이 넘는 책들을 쓰고 또 썼기 때문에 결국 위대한 책도 쓸 수 있게 되었다는 사실만은 명심하다.

그대들이여! 무엇이 두려운가? 무수히 많은 실패를 한다해도 그 실패들은 모두 눈부신 성공을 위해 꼭 필요한 디딤돌이 되고, 기초가 되어 줄 것이라는 사실을 명심하자.

'양이 재능을 이긴다.' 는 생각과 의식에 눈 뜨지 않았다면, 그래서 그런 생각과 의식을 필자가 가지지 않았다면 처음부터 시작도 하지 못 했을 것이다. 그리고 그렇게 했더라면 지금 필자는 단 한 권의 책도 출간하지 못한 백수로 살고 있었을 것이다.

그런 점에서 이 문장은 나에게 매우 고마운 혁신적인 생각과 의식임에 틀림없다.

- 뜨거운 심장으로, 온 몸으로 글을 쓰라.

" 할 말이 없을 때는 침묵하라.

진정한 열정이 솟아오르거든 할 말을 모두 하라.
 정열적으로 말하라. "

 영국의 소설가이자 시인이었던 D.H.로런스가 한 이 말처럼 할 말이 없을 때는 침묵해야 하고, 할 말이 있을 때는 정열적으로 말하는 것이 더 나은 작가가 되기 위해서 반드시 필요한 것들 중에 하나라고 필자는 생각한다.

 뜨거운 심장 전체로 글을 쓸 때만이 독자들은 글을 읽으면서 전율을 하게 될 것이기 때문이다. 그 어떤 법칙이나 방법도 필자의 생각에는 다 무용지물이다. 가장 중요한 것은 작가가 얼마나 심장 전체로 글을 쓰느냐 하는 것이다.

 윌리엄 서머싯 몸은 이런 재미있는 말을 한 적이 있다.

 " 소설을 쓰는 데는 세 가지 법칙이 있는데,
 안타깝게도 그게 뭔지 아무도 모른다. "

 필자는 작가 지망생들에게 심장 전체로 글을 쓰는 것보다 더 한 발 나가서 '온 몸으로' 글을 쓰라고 조언해 주고 싶다.

온 몸으로 글을 쓴다는 것은 어떤 것일까?

머리로만 글을 쓰는 사람은 자신의 감정, 말하고자 하는 내용을 말하고 설명한다. 하지만 온 몸으로 글을 쓰는 사람은 그러한 것들을 말하고 설명하는 차원을 넘어선다. 온 몸으로 그러한 것들을 보여주고 느끼게 해 주고 직접 부딪히게 해 준다.

이것이 바로 온 몸으로 글을 쓰는 것이다.

독자들을 지루하게 해 서는 안 된다. 특히 독자들은 무미건조한 것을 싫어한다. 아무리 좋은 내용이 있다고 해도, 그리고 아무리 유용한 지식이 많이 들어있다고 해도 백과사전과 같은 종류의 책에 열광하는 사람들은 단 한 명도 없는 이유가 바로 여기에 있다.

더 나은 작가가 되고 싶다면, 독자들을 열광시킬 줄 알아야 한다. 독자들을 열광시키기 위해서는 먼저 작가가 열광해야 한다. 작가가 열광할 때 독자들도 열광하게 되는 것이다.

 그런 점에서 글을 쓰는 것을 즐기고 신나게 글을 쓸 때 그런 책을 읽는 독자들도 역시 신나고 즐겁다는 사실은 의미하는 바가 매우 클 것이다.

 현대 저널리즘의 창시자이자 '언론계의 노벨상'이라고도 불리는 퓰리처상을 만든 조지프 퓰리처는 다음과 같은 말을 했다.

 " 무엇을 쓰든 짧게 쓰라. 그러면 읽힐 것이다.
 명료하게 쓰라. 그러면 이해될 것이다.
 그림같이 쓰라. 그러면 기억 속에 머물 것이다. "

 독자들의 마음속에 오래 기억되고 남게 하는 방법은 그림같이 쓰는 것이라고 그는 말해 준다. 온 몸으로 글을 쓰는 이유는 한 마디로 그림같이 글을 쓸 때 독자들의 기억 속에 오래 남게 되기 때문인지도 모른다.

 최소한 필자는 그의 말에 동의한다. 짧게 쓰고, 명료하게 쓰고, 무엇보다 그림같이 쓰는 것이 더 나은 작가가 되기 위해 글을 쓸 때 지켜야 할 사항들이라고 생각한다.

- 더 나은 글을 쓰는 세 가지 방법.

" 더 나은 글을 쓰는 첫 번째 방법은 생각하는 것이 아니라 무조건 쓰는 것이다.
 더 나은 글을 쓰는 두 번째 방법은 기다리는 것이 아니라 지금 당장 쓰는 것이다.
 더 나은 글을 쓰는 세 번째 방법은 멈추지 않고 주저하지 않고 계속 쓰는 것이다.

　나는 이것보다 더 나은 세 가지 방법을 알지 못 한다.
"

필자의 글쓰기 방법론이라면 이것이 전부다. 생가하지 않고 무조건 쓰는 것이고, 기다리지 않고 지금 당장 쓰는 것이고, 멈추지 않고 계속 쓰는 것이다.

작가 지망생들에게 꼭 해 주고 싶은 말이기도 하지만 사실은 필자 자신에게 매일 스스로 다짐하는 말이기도 하다.

작가란 결국 매일 글을 쓰는 사람이다. 작가란 오늘 아침에 글을 쓴 사람이고, 오늘 오후에도 글을 쓴 사람이고, 오늘 저녁에도 글을 쓴 사람일 뿐이다.

 더 좋은 작가가 되기 위해서는, 어제보다 더 나은 작가가 되기 위해서는 '무조건 쓰고, 지금 당장 쓰고, 계속 쓰는 것'이다. 이것보다 더 나은 방법이 있다면 내게 알려 달라.

 아무리 훌륭한 작가로 혹시라도 태어난 그런 불운(?)한 작가가 있다고 해도 이 세 가지 방법에서 멀어지게 되면 서서히 그는 평범한 작가로 전락하게 되는 것은 시간 문제일 것이다. 뿐만 아니라 평범한 작가는 이내 곧 글 한 줄 쓰지 못 하는 그런 사람으로 전락하게 되는 것도 불을 보듯 뻔한 일일 것이다.

 결국 훌륭한 작가는 태어나는 것이 아니라 날마다 끊임없는 노력을 통해서 스스로 만들어나가야 하는 것이다. 그리고 그 노력은 결국 글쓰기에 대한 노력이어야 하고, 그 외에는 그 어떤 노력도 필요하지 않다는 것을 명심해야 한다.

훌륭한 작가가 되기 위해 화려한 학벌이 필요한 것은 절대 아니다. 또한 훌륭한 작가가 되기 위해 많은 지식이나 기술이 필요한 것도 절대 아니다. 뿐만 아니라 훌륭한 작가가 되기 위해서 넓은 인맥이 필요한 것도 아니다.

 훌륭한 작가가 되기 위해 필요한 것은 하루 종일 앉아서 글을 쓸 수 있는 작은 공간일 뿐이다. 여기에 쉽게 그 어떤 책도 찾아서 읽을 수 있는 도서관과 같은 그런 엄청난 책들이 있는 공간이면 최고의 공간일 것이다.

 이러한 것들을 개인의 돈으로 갖출 수 있는 사람은 없을 것이다. 그래서 필자는 항상 도서관을 이용하고, 개인 서재를 따로 만들어 놓지 않는 것이다. 개인 서재를 아무리 훌륭하게 잘 만들어 놓는다고 해도 도서관만큼 다양하고 많은 책들을 구입하여 장만할 수 없기 때문이다.

 명심하자. 이 책을 통해서 정말 하고 싶은 말은 '글쓰기는 글쓰기를 통해서만 향상시킬 수 있는 기술'일 뿐이라는 사실이다.

결국 '무조건 쓰고, 지금 당장 쓰고, 멈추지 말고 쓰라'는 것이다.

에필로그 _ 누구나 처음은 아마추어였다.

" 나는 우리 회사가
예술적 사업을 하고 있다고 생각합니다.

자동차란

엔터테인먼트이자
움직이는 조각품인 동시에
수송수단의 역할을 하기도 합니다."

_ GM 로버츠 루츠 부회장

누구나 처음에는 형편없는 아마추어였다. 심지어 위대한 대문호들조차도 처음에는 아마추어보다 더 못 한 실력을 가진 작가들도 수도 없이 많았다.

그리고 더 중요한 사실은 자동차를 만드는 GM 조차도 이제는 자동차를 만드는 사업을 예술 사업이라고 표방하기 시작했다는 것이다.

한 마디로 이제는 시대가 바뀌었다.

당신이 어떤 직업에 종사하고 있더라도 당신은 작가가 될 수 있고, 예술가가 될 수 있다는 사실이다.

앨빈 토플러가 1980년에 자신의 저서인 [제3의 물결]에서 프로페셔널과 소비자, 생산자와 소비자의 경계가 허물어지고 있는 시대, 즉 21세기는 프로슈머(prosumer)의 시대가 오고 있다고 말한 적이 있다.

그의 말대로 진정한 프로슈머의 시대가 오고 있다고 저는 생각합니다. 그것이 바로 독자와 작가의 경계가 무너지는 새로운 시대라고 생각한다.

시대가 많이 바뀌었다. 과거에는 글을 읽고 쓸 줄 아는 사람이 소수 특권층에 한정되었지만 어느 순간 아무나 글을 읽고 쓸 줄 아는 시대가 되었다.

하지만 글을 읽고 쓸 줄 아는 시대와 누구나 매일 글을 쓰는 시대는 전혀 다른 것이다.

당신도 작가가 될 수 있는 이유는 바로 이것이다. 필자가 출간할 책인 [호모 스크립투스]란 책에 보면 당신이 반드시 작가가 되어야 할 이유가 분명하게 나온다.

그리고 무엇보다 당신이 이미 작가인 이유가 분명하게 나온다. 당신은 누가 뭐래도 작가이다. 그러므로 당신 자신의 이야기를 세상에 내 놓아야 한다.

 당신 자신을 믿고, 자신의 직관을 따라 가면 된다. 건투를 빈다.

명심하라. 그 어떤 천재도 무엇을 배우더라도 초보자로부터 시작해야 한다는 사실을 말이다. 그러므로 용기를 내고 시작하라.

 작가는 오직 글을 쓸 뿐이다. 행동하지 않으면 아무것도 달라지지 않는 다. 글을 쓰는 것 말고는 그 어떤 것도 당신을 작가로 만들어주지 않는 다.

 " 당신은 죽어도 (당신의) 책은 남는다."

키에르케고르의 이 말처럼 책은 남는 다. 그렇기 때문에 당신은 책을 써야 한다. 이 세상에 무엇을 남기고 갈 것인가? 책 한 권 정도는 남겨야 하지 않을까?

대가가 아니어도, 실력이 없어도, 책을 쓰고, 책을 출간하기에는 이미 당신은 충분한 능력을 가졌다.

그러므로 당신은 저마다의 작가가 될 수 있다. 자신을 믿어라. 그리고 의자에 앉아서 글을 쓰라. 그것만이 당신을 작가로 만들어 줄 수 있는 유일한 것이다.

부록 _ 일곱 가지 작가를 위한 원칙

첫째. 작가는 매일 글을 쓰는 사람이다.
  그러므로 매일 200자 원고지 10장을 쓴다.
  단 주말은 20장을 쓰도 좋다.

둘째. 작가가 신이 나야 읽는 독자들도 신이 난다.
  그러므로 신나게, 즐겁게, 열광하며 글을 쓴다.
  글쓰기의 즐거움에 매일 취한다.

셋째. 작가는 뜨거운 가슴으로 글을 써야 한다.
  그러므로 열정적으로, 신들린 것처럼, 글을 쓴다.
  무엇인가에 미칠 때 무엇인가가 이루어진다.

넷째. 작가는 자신의 직관을 믿어야 한다.
  그러므로 거침없이, 무조건 쓴다.
  형식과 틀에 얽매이지 말고 쓴다.

다섯째. 작가는 세상이 원하는 것을 내놓을 줄 알아야 한다.
  그러므로 공부하고, 연구하고, 사색해야 한다.

세상에 가치 있는 것을 창조하는 창조가가 된다.

여섯째. 작가는 무엇보다 자신의 직관에 충실해야 한다.
그러므로 자신의 내면에 귀를 기울여야 한다.
 아무리 멋진 문장가가 되더라도 자신을 잃으면 안 된다.

일곱째. 작가는 절대로 완전히 준비가 될 때 까지 기다려서는 안 된다.
그러므로 완벽한 때를 기다리지 말고 지금 당장 쓰라.
아무리 생각해 봐도 완벽한 때란 있을 수 없다.

판권

종이책 : 값 22000 원

초판 인쇄: 2025년 8월 8일
초판 발행: 2025년 8월 8일

지은이: 김병완
발행인: (주)플랫폼연구소

출판등록: 제 2020-000075호

전화: 010-3920-6036 / 02-556-6036
이메일: pflab2020@naver.com

주소 : 서울시 강남구 삼성동 152-59 정목빌딩 3층

ISBN 979-11-91396-55-3